汲古選書 60

中国の愛国と民主

——章乃器とその時代

水羽信男 著

はじめに

アヘン戦争の敗北以後、抗日戦争に勝利するまで、侵略を被った戦争すべてに敗れ、一九四五年以後も長く後発国として、貧困問題を抱えてきた中国の近現代史を貫く基本的な課題とは何だったのだろうか。この点について筆者が支持しているのは、次のような立場である。今日まで続く中国の政治的課題とは「国民国家」（Nation State）の樹立、すなわち国境によって区切られた一定の領域内において主権を行使し、国家のために死を選びうるほどの帰属意識（Identity）をもった国民によって支えられる国家の樹立である。[1]中国では一九二〇年代以降は、その課題を強力な行政力を有する政党国家（Party State）によって実現しようとしてきた。中国国民党（以下、国民党）と中国共産党（以下、共産党）は十数年にわたり二度の内戦を戦ったが、ともにレーニン主義的な政党を標榜し、国民政府時期（一九二八～一九四九）の中華民国とそれ以後の中華人民共和国において、三権分立的な国家制度とは異質の一党独裁政治を生み出した。[2]

こうした歴史的背景を踏まえなければ、現代中国の異質性だけが過度に強調されることになりかねないだろう。たとえば二〇〇九年パリのオークションで話題となった「円明園一二生肖獣首銅像」の問題も、競売に付された鼠と兎の像を、第二次アヘン戦争時に英仏連合軍が略奪したわけではないことだけに着目すれば、中国人の愛国心の「滑稽さ」がクローズアップされる。だが英仏両国が清朝との戦争を強引に起こし、円明園を無残に略奪した事実が、その「滑稽さ」で消えるわけではない。まして侵略されたという中国人の屈辱の記憶が消え去るわけでもないことは、我々にも容易に想像がつくことであろう。[3] 現代中国を理解するうえで、近代中国の歴史的理解――それは事実の問題であるとともに、歴史がどのように理解されるのか、という認識の問題でもある――が不可欠である。[4] 二〇世紀中国との連続と断絶の歴史的理解を前提としてこそ、我々は先入観（ときにそれは「常識」と主観的には理解される）無しに、現代中国と向き合えるのではなかろうか。

二〇世紀中国にとっての「民主」

多くの中国人にとって、歴史的に存続する独裁に代わる「民主」（Democracy）を実現することが、二一世紀中国の政治的目標と位置づけられている（以下「」は省略する）。とはいえ、民主の定義については政治学の基礎理論としてさまざまな議論が行われ、実態としてもさまざまな民主がありうる。こうした複雑な問題状況の一端は、劉暁波らによる『〇八憲章』の提起と二〇一〇年の劉のノーベル平和賞受賞、そして彼の思想を取り巻く賛否両論の議論に示されている。[5] 中国近代史研究のなかでも、研究の対象により、また論者の立場により、民主の意味するところは多義的であった。

だが本書では学術的な定義をめぐる議論には拘泥せず、「人民の、人民による、人民のための」政治（goverment of the people, by the people, for the people）ととらえることとする。民主をめぐるこの三つの要素に関しては、政治権力の正統性を民衆に由来するものとみなし、民衆が主体となる政治の実現を求める思想・運動として、つまり「人民の」政治（government of the people）として民主をとらえることが、当時の中国における民主論の中心となった。それは外来の思想としての民主がさしあたり「君主」に対する言葉として理解され、やがて民衆に由来し、民を主体とする政治として理解されるようになったからである[6]。

同時に「人民のため」（for the people）の平等社会の実現を、民主の実質とみなす立場にも注目してゆく。なぜならば本書がとりあげる一九三〇～五〇年代においては、「人民の」政治としての民主を実現する条件として、共産党員だけでなく、多くの中国知識人が平等＝格差の是正を強く求めたからである。さらに附言すれば、経済的民主＝平等の実現を重視する声が知識界で高まったのは、中国だけではなかった。一九三〇年代の日本といえば、民主に逆行したかのようなイメージを持たれがちだが、この時期に軍部の力が台頭したのは、民衆がその力によって民主の平等の側面＝「人民のため」の政治の実現を求めたからだと近年では指摘されている[7]。米国では周知のように一九四一年にローズベルトが、貧困からの自由（freedom from want）を実現されるべき四つの自由の一つとした。

この民衆に由来する政治という意味での民主、さらには平等を求める民主とは別に、一部には「人民による」政治（by the people）を求める思想・運動、すなわち独裁にかわる民主的な制度の樹立を目指す思想・運動を近現代中国における真に価値のあるものだとみなす人々もいる。しかしこうした立場は単純に過ぎるだろう。なぜならば、二〇世紀中国においては独裁を支持する、あるいは消極的にせよ受け入れる、思想的な動向にも関心を払わなければならないからである。一九世紀半ばより先進資本主義（本書では当時の用語法に従い、帝国主義とも呼ぶ）の侵略に苦しむ中国の民主主義者にとって、祖国の国際的地位を向上させ、国内の産業化と民衆の福利の増進を実現することが極めて重要な課題となった。その内外の課題を、人民に選挙権を与えることではなく、強力な権力を持つ行政府を樹立することにより実現するという政策は、客観的にみて実現可能な具体的な選択肢の一つだったのである。(8)

民主を「人民の」政治としてとらえることに異議はないとしても、「人民による」政治に力点をおいてとらえるのか、「人民のため」の政治ととらえるのかは、民本主義的な伝統を強くもつ中国知識人にとって、簡単に答えの出る問いではなかった。民衆に由来する政治の実現を議論の前提としながらも、貧しい民衆の生活向上をなによりも重視するがゆえに、当面、三権分立などの制度の実現ではなく、強力で安定的な行政府の樹立を必要とする考え方は、二〇世紀初頭から、中国思想史・民主主義運動史に一貫して継続していたとさえいえる。(9) 本書ではこの民主を構成する三つの原理の絡み合いを問題とする。

二〇世紀中国にとっての「愛国」

この近現代中国の思想・運動にみられる独裁と親和的な傾向――おそらく多くのアジア・アフリカ・ラテンアメリカ諸国に共通する傾向を、世界でもトップクラスの先進資本主義国であり、かつ民主的な憲法を持つ日本の優位性を前提として批判することは、容易であろう。だがこうした中国の独裁政治をもたらした主因の一つが、日本の侵略だったことを忘れてはならない、という奥村哲の指摘は、今日においても傾聴すべきであるように思われる[10]。

少なくとも二〇世紀を通じて、そして今日においても、独裁と親和的な思想潮流を生じさせ、強化したのは、繰り返し動員された「愛国」的な運動（Nationalism）であった（以下、「　」は省略[11]）。そして一九三〇年代半ばの日本の侵略強化は、当時の国民党による一党独裁を批判するリベラリストの内部においてさえ、民族の尊厳を守るためには、既存の国民党政権の改良を通じて「新しい独裁」を作り出す必要性があると強調する人々を生みだした。こうして、あくまで三権分立に基づく民主中国の樹立を目指すリベラリストとの間に、「民主と独裁」をめぐる論争が展開された[12]。

独裁を志向する思潮は、対外的危機感だけでなく、国内の民衆の政治能力への絶望的な不信感にも起因していた。圧倒的な貧困とそれゆえの無知が、中国の多くの民衆の政治レベルを著しく低めたことは否定できない。こうした現実を前に中国の知識人は、苦悩せざるを得ず、たとえば中共の創立者・陳独秀（一八七九―一九四二）は、次のように記している[13]。

> 中国の人民はまるでばらばらの砂であり、がさつ者の集まりである。人々は狭い個人主義を持ち、全く公共心がない。

この発言は彼が共産党を設立した一九二一年七月のものであることは、象徴的であろう。そしてこうした民衆観は抗日戦争時期においても、中国のリベラリストに共有された[14]。

愛国と民主のからみあい

如上の歴史的事実に着目し、二〇世紀中国の知識人がもった愛国意識と反民主的な愚民観とを結び付け批判的にとらえる立場も一定の支持を得ている。こうした観点に立つ中国論のなかには、本来、民主＝反独裁の先頭に立つべき知識人が、一党独裁を支える強固な社会基盤の一つとなったとみなすものもある。この立場に立てば、複数の政党が普通選挙の審判をうけ、民衆が選んだ多数党が政権を獲得し、三権分立的な監視と均衡の機能する制度が、中国で樹立される可能性は極めて低いことになる。

しかし、そうした視点だけでは、当時の中国を理解できない。たとえば胡適（一八九一〜一九六二）[15]は、一九三〇年代前半の「民主と独裁」論争に際して、「新式の独裁」を求める人々を批判して、民主をエリートによってのみ支えられる政治でなく、愚かな民衆でも運営に参加できる敷居の低い政治制度であるとした。胡適にとって民主政治とは「政治経験の乏しい民族を訓練するに最もふさわしい」ものであり、彼は民衆が政治に参加し失敗を含むさまざまな政治的な経験を積んでこそ、その政治的能力を高めうると主張した[16]。まさにエリートではなく、「普通の人間、さして優れていない人間が政治を動かすのがデモクラシー」なのである[17]。

胡適が一九三〇年代に示した自らの理想に生涯忠実であったか否かは別として、それは理念としては学歴など人を差別化する認識を越えて民衆を信じ、民衆に由来する政治としての民主、すなわち「人民の」政治の実現を追求すべきものであった。まさに三人の阿斗は一人の諸葛孔明に優るのである。こうした

「人民の」政治＝民主を求める議論は、政党国家を組織し維持する勢力と対抗しながら、少なくとも一九五〇年代半ばまでは、国民党が統治する台湾だけでなく、共産党統治下の大陸でも存続した。そして周知のように台湾では、一九八〇年代に「上から」の民主化によって「人民による」政治が実現し、今日の大陸でも立憲主義的な民主改革のための努力は粘り強く続けられている。

この「人民の」政治としての民主は、個の尊厳を前提とするリベラルな価値を絶対的に譲ることのできないものとする思想的立場に拠ってこそ、ぶれることなく主張しつづけることが可能となる。それは「人民のための」政治を求める声が大きくなり、「人民による」政治の実現の方法が多数決原理に傾けば傾くほど、多数者ではなく少数者の権利を守ることの重要性が増すことを想起すれば、容易に理解されよう。筆者が民主を考える際に、リベラリズムの問題を軽視できないと考える所以である。

ところで、なぜ中国で民主を求める議論が粘り強く継続したのであろうか。その理由を政党国家の弾圧に屈しなかった個々の知識人の勇気や努力にだけ求めるのは、妥当性に欠ける。というのも、国民国家が対外的な自立を維持するためには、国内的な一体化がなければならず、そのために当権者は、民衆からの支持を通じて、支配の正統性を獲得しなければならなかったからである。国家に自己を同一化した愛国的な人々＝国民の形成は、人々の間に存在した不合理な格差をそれなりに埋め、均質化の成果を強調してこそ可能だったのである。たとえその均質化が、しょせんは欺瞞に満ちた「幻想」でしかないとしても。

人々が身分や貧富のはなはだしい差――それは「人民のための」政治とは評価されない――を嫌悪し、国民的統一が実現できなければ、国民国家間の国際的競争のなかで生き残れないことは明らかである。一方的な支配・指導を受けざるをえない人々が、自発的に支配者・指導者を無条件に支持すると考えるのは、あまりに単純である。

とはいえ、当然のことではあるが、人々が均質化すれば、国民の凝集力が自動的に高まるわけでもない。民主と愛国とは相互に影響を与え、互いにその内実を深める求心的な作用を及ぼしあうだけでないのである。この点は今日の日本でも、国歌や国旗の扱いをめぐり様々な意見が提示されている理由を考えれば、容易に理解できよう。民主を求める声は、ときに愛国意識の強化を阻害し、その解体をも導きかねないものとして、権力者とその支持者により批判され抑圧の対象となる。

上述のように、愛国と民主とはかたく結びつくことで、強力な政治力を発揮するとともに、ときに矛盾し対立しあう複雑な関係を持っていた。それゆえに筆者は二〇世紀中国の政治史を理解するうえで、愛国と民主という二つのキーワードの検討が必要だと考えている。今日の中国においても、この二つの問題を軸としてさまざまな政治的な対立が生じている、といっても間違いではなかろう。この問題を本書の分析の基軸におく所以である。

本書では今日の中国政治の原型を作りだした一九三〇～五〇年代を中心として、具体的には章乃器（一八九七～一九七七）をとりあげる。彼は国共両党から相対的に自立した知識人（第三勢力）の代表人物の一人であり、本書では彼の愛国と民主をめぐる思想と行動に即して考察を進めることとする。こうした作業は中国をより深く理解することに役立つだけでなく、世界史的な問題の所在を指し示すことにも、つながってゆくだろう。なぜならば、二〇世紀における侵略と抵抗、伝統と近代、東洋と西洋といった大問題は、二元論的な単純化による歪みも孕みつつ、いずれも中国を重要な舞台の一つとして論じられてきたからである。

註

（1）国民国家の定義については、木畑洋一「世界史の構造と国民国家」歴史学研究会編『国民国家を問う』青木書店、一九九四年。また国民の象徴的な定義については、村田雄二郎「二〇世紀システムとしての中国ナショナリズム」（西村成雄編『現代中国の構造変動』三巻、東京大学出版会、二〇〇〇年）を参照されたい。

（2）西村成雄『二〇世紀中国の政治空間――「中華民族的国民国家」の凝集力』青木書店、二〇〇四年、同ほか編『二〇世紀中国政治史研究』放送大学教育振興会、二〇一一年など。

（3）中野美代子「愛国心オークション――「円明園」高値騒動」『図書』七二五号、二〇〇九年七月。

（4）加藤弘之・久保亨『進化する中国の資本主義』を含む『叢書中国的問題群』岩波書店、二〇〇九年〜の多くは、歴史学者と政治学など現状分析を専門とする研究者との共同執筆になるユニークな企画である。

（5）廖天琪ほか編、丸川哲史ほか訳『最後の審判を生き延びて――劉暁波文集』岩波書店、二〇一一年、矢吹晋・加藤哲郎・及川淳子『劉暁波と中国民主化のゆくえ』花伝社、二〇一一年など。また宇野木洋「ノーベル平和賞受賞者・劉暁波による米国海外派兵全面支持論文について」『季刊中国研究』一〇四号、二〇一一年三月、朝浩之「劉暁波に関する四書――ノーベル平和賞受賞を祝す」『東方』三六八号、二〇一一年一〇月なども参照のこと。

（6）金観濤・劉青峰『觀念史研究――中国現代重要政治術語的形成』香港・香港中文大学当代中国文化研究中心、二〇〇八年。

(7) 坂野潤治『自由と平等の昭和史——一九三〇年代の日本政治』講談社、二〇〇九年。

(8) サルトーリは民主主義の発展のための条件が整っていない地域では、議会制度などの定着を性急に目指すのではなく、まずはリベラルな価値を承認する社会的条件の創出が重要だと指摘している（Giovanni Sartori, "How far can government travel?", *Journal of Democracy* Vol.6, No.3 July 1995）。

(9) 二〇世紀初頭の憲政については、曽田三郎『立憲国家中国への始動——明治憲政と近代中国』思文閣、二〇〇九年が貴重な成果をあげている。曽田書については『拓蹊——曽田三郎先生退職記念冊』二〇一二年三月を参照のこと。

(10) 奥村哲『中国の現代史——戦争と社会主義』青木書店、一九九九年。

(11) 吉澤誠一郎『愛国主義の創成——ナショナリズムから近代中国をみる』岩波書店、二〇〇三年。

(12) 「民主と独裁論争」については、さしあたり横山宏章『中華民国史——専制と民主の相克』三一書房、一九九六年や、野村浩一『近代中国の政治文化——民権・立憲・皇権』岩波書店、二〇〇七年などを参照のこと。

(13) 陳独秀「随感録（一二一）卑之無甚高論」『新青年』九巻三号、一九二一年七月、三頁。

(14) たとえば水羽信男「王贛愚の民主主義思想——「自由」論を中心として」『中国——社会と文化』二二号、二〇〇七年などを参照されたい。

(15) 胡適の原籍は安徽省。米国に留学しデューイのもとで研究をおこない、帰国後は新文化運動の推進者の一人として、大きな影響力を持った。共産主義とは一線を画し、抗戦中は駐米大使などとして国民政府のもとで活躍する。戦後、北京大学総長となるも、一九四九年革命に際しては大陸を離れ、自由を求めつつ台湾にて死去。彼の生涯については章清『胡適評伝』北京：百花州文芸出版社、二〇一〇年などがある。

(16) 胡適「再論建国与専制」『独立評論』八二号、一九三三年一二月、五頁。

(17) 斎藤憐『改訂版　グレイクリスマス』而立書房、一九九九年、三九頁。

目次

中国の愛国と民主——章乃器とその時代

序　章

第一節　本書の課題

章乃器と彼に関する先行研究から

中国の変革の主体は誰か。それは圧倒的な貧困のなかから、中国共産党の指導のもと立ち上がり、さまざまな困難に打ち勝ちながら成長を続けた農民、そして労働者である。という命題が一九七〇年代なかばまで一定の影響力を持っていた。それゆえ第三勢力については、あくまで政治史研究の傍流との位置づけがなされただけでなく、第三勢力を研究する者のなかにも共産党の指導を前提に議論を進めたり、第三勢力の発展を図る物差しとして、共産党の路線への接近の度合いが問題にされた。

だが知識人を共産党や国民党の補助者と位置づけるだけでは、その歴史的な役割を理解することはできない。「銃口から権力が生まれる」との毛沢東の言葉を待つまでもなく、軍事力が政治を規定した中国近代史ではあるが、国家が危機に面したとき権力者たちは、知識人の支持を得ることで支配の正統性を獲得し、その困難を克服しようとしてきた。少なくとも、本書が主として扱う一九二〇年代末から一九五〇年代にかけては、間違いなく国共両党ともに知識人の支持を獲得するために大きな力を傾注したのである。[1]今日の共産党にとっても、現代国家を運営するうえで、知識人の支持が必須であることはいうまでもなかろう。

本書で取り上げる章乃器は第三勢力の代表的な人物の一人と目されているが、そのプロフィールは次のように説明されている。[2]

浙江省青田出身……浙江省甲種商業学校で学んだのち銀行業務につく。浙江省実業銀行副経理を務めるなど金融界で活躍。一九二七年雑誌『新評論』を創刊。一九三六年沈鈞儒〔一八七五～一九六三、以下、引用文のなかの〔 〕内は筆者注[3]〕らとともに上海各界救国聯合会、全国各界救国聯合会〔以下、全救聯〕の創設に参加。同年国民政府に逮捕され〔抗日七君子事件〕、抗日戦争勃発後に釈放。抗日七君子の一人。一九四五年中国民主建国会の設立に参加。建国後、財政委員、糧食部長、全国工商聯副主任委員、中国民主建国会中央副主席など歴任。一九五七年反右派闘争で右派分子として批判され、一九六三年までにすべての職務、権限を剥奪された。一九八〇年に名誉回復。

章乃器については史料集が整理され、すでに数多くの実証研究も公刊されている。[4]それにもかかわらず本書で章乃器をとりあげるのは、これまでの研究が彼個人の発言と行動の紹介にとどまり、評価の面では反右派闘争、プロレタリア文化大革命（文革）で凄惨な弾圧を受けた彼の名誉回復を目的として、彼の思想の〝今日的意義〟を顕彰する傾向が強いことにある。

だが章乃器を顕彰することは、本書の目的ではない。筆者は二〇世紀中国をこれまで以上に深く理解するための手がかりとして、章乃器の思想と行動をとりあげる。この点において、本書はこれまでの章乃器研究と異なっている。だがなぜ章乃器なのか。それは次の二つの理由に拠っている。

まず第一の理由は彼の独特な個性にかかわっている。たとえば一九四二年に胡子嬰（一九〇七～一九八二）[5]と別れたのち、章乃器は一九六四年に王者香と結婚する。彼女は右派分子・章乃器との結婚により職を奪われるのだが、その王に対して章乃器は乳腺がんを隠して結婚したことを咎めて、治癒後の離婚を約束させたという。理由はどんな嘘でも許せないという章乃器の正義感といわれる[6]。

こうした直情型の個性は、愛国と民主をめぐる言説にも示されていた。この点に関して、救国会運動の指導的幹部として章乃器・沈鈞儒らとともに国民党によって逮捕された抗日七君子の一人、鄒韜奮（一八九五～一九四四）[7]は、彼の個性を次のように描いている[8]。

彼は友人と討論するときは、いつも激烈な論争を好み、説得されればその意見を受け入れるが、そうでなければ彼は一貫して譲歩しなかった。……しかし彼の性格を知っている人は、彼の心が純粋・情熱的で、少しも悪意の無いことを知っている。

実際、彼ほど論争の当事者であり続けた第三勢力の指導者も少ない。詳細は次章以降に譲るが、胡子嬰が章乃器をモデルとして描いたといわれる小説『灘』[9]では、野心家で傲慢ともいえる態度で自己の愛国の信念を貫こうとし、周囲と衝突する主人公の姿が描かれている。彼の思想と行動を跡づけることは、二〇世紀中国の政治的な問題の焦点を明らかにするだろう。

第二の理由は彼が共産党の社会主義だけでなく、リベラリズムとも緊張関係を持ち続けたことである。

「はじめに」でも指摘したが、中国の愛国と民主の内容を考察するうえで、社会主義やリベラリズムとの関わりは個々の知識人の思想を考察するうえで重要なポイントになる。この点に関して、たとえば許紀霖は一九三〇年代の章乃器は民主主義者だが、リベラリストではないと評価している[10]。筆者もこの見解を支持しており、章乃器がリベラルな諸価値を表立って支持し、自由の意味を論じるようになるのは対日抗戦の開始を待たなければならなかったと考えている。

また現行の『毛沢東選集』第一～四巻において、名指で批判された抗日七君子は章乃器のみである[11]。章乃器は彼なりの社会主義の理想に基づき、一九四九年革命を支持したが、共産党の社会主義に対しては違和感を持ち続けたといえよう。

章乃器は強烈な愛国の感情を表出し、民主を求めつつも、彼なりに社会主義へ親近感を持ち、リベラリズムと微妙な関係を持ち続けた。筆者は愛国と民主との関係を追求するという本書の課題にとって、章乃器の思想と行動は好個の対象だと考えている。なお本書では章乃器の同時代の言論人の思想と言論について、適宜、比較しながら論じてゆく。序章では胡適のプロフィールを紹介しているので、ここでは以後頻出する三人の経歴をごく簡単にまとめておく[12]。

羅隆基（一八九六～一九六五）[13]は江西省出身。清華大学在学中は同大学の五四運動の指導者の一人となる。一九二一年に卒業し、ウィスコンシン大学で政治学の修士号を獲得する。ロンドン大学経済学部（Economy School of London）でも学び、ハロルド・ラスキの影響を受ける。帰国後は上海の光華大学で教鞭をとり、胡適や王造時らとともに『新月』で活躍するが、国民党批判により拘束され、天津の『益世報』に活動の場を移さざるをえなくなった。抗戦中は民主同盟の一員として、中国の民主化を求めて積極的に活動する。人民共和国の成立後は森林工業部長など要職につくも、反右派闘争では最大の右派の一人として集中的な批判を浴び、文革直前に心臓病で逝去した。

施復亮（一八九九～一九七〇）[14]は浙江省出身。原名は施存統。新文化運動に感化され、浙江省第一師範学校在学中に儒教批判の文章を発表し退学。その後、一九二〇年日本へ遊学、東京で社会主義文献の翻訳に従事する。中国共産党日本小組の責任者となったが、一九二二年日本政府により中国へ強制送還される。帰国後は共産党の社会主義青年団などで活動するも一九二七年に共産党を離れ、国民党左派の理論家として活発な活動を行ったが、やがて左派からも離脱し著述生活に入った。抗戦開始にともない再び政治的活動を開始するとともに、四川省銀行経済研究所長なども務め学術的な発言も継続し、一九四五年一二月には章乃器とともに民主建国会の指導的幹部となる。抗戦勝利後の内戦期に中間路線論を提起して、共産党系の論者と論争を展開するが、一九四九年以後も大陸に留まることを選択した。反右派闘争に際しては右派との批判は免れたが、文革では迫害された。

王造時（一九〇二～一九七一）[15]は江西省出身。一九一七年清華学校に入学。五四運動に参加して二度の逮捕を経験するが、一九二五年に卒業。ウィスコンシン大学で政治学を学び博士号を取得し、一九二九年にはロンドン大学経済学部（Economy school of London）でハロルド・ラスキのもとで学ぶ。帰国後は上海の光華大学で民主と愛国を求めて積極的に言論活動を展開するが、一九三六年、章乃器とともに逮捕され、抗日七君子の一人となった。抗戦開始後は国民参政会員となるとともに、主として江西省に居を構え抗日活動に従事したが、一九四一年の日ソ中立条約を批判して章乃器とともに救国会から離脱、次第に政治から遠ざかり、一九四九年以後は復旦大学の歴史系教授となった。一九五七年に右派とされ、プロレタリア文化大革命で迫害を受け獄死した。

以上の略歴から明らかなように、中等教育を受けただけのたたき上げの銀行家であった章乃器とは異なり、羅隆基・王造時の二人は、胡適と同様に米国の大学へ留学し、博士号を獲得した当時のトップエリートで、知識人のなかの知識人ともいえる人物であった。施復亮も大学こそ出てはいないが、日本遊学を経て日本語を通じてマルクス主義文献の翻訳に成果をあげ、独学ながら相応の学術的な評価を得ていた。その意味でいえば、彼ら三人は章乃器とは知的な遍歴の面では異なるが、ともに愛国と民主をめぐる論壇で活躍した第三勢力の指導者であった。本書はこの共通面に着目して、彼らの思想と行動とを適宜、比較してゆく。

愛国と民主をめぐる先行研究から

中国の愛国と民主をめぐる日本の研究史をごく簡単に振り返っておく。[16] 一九四五年の敗戦以後、日本の中国史研究においては長い間、民族主義と民主主義——筆者なりに言い換えると愛国と民主——が重要なキーワードに設定され、両者は相互に正の影響をあたえあい、ともに人類史を前進させる思想だと考えられてきた。それは近代日本のアジア侵略を思想的に支えた日本における愛国心への真摯な批判を前提として、その侵略に抵抗し打ち勝ち、さらには自らの歴史を切り拓いた革命中国に学ぶという時代精神に裏打ちされていた。そこには日本と中国の不再戦の願いと、日本の民主化を目指す姿勢があった。

当時の愛国と民主をめぐる中国近代史研究で焦点となったのは、抗日戦争史であったが、その分析の対象は理論問題も含めた運動史に収斂した。それは中国革命の三つの宝とされた「統一戦線・軍事闘争・党建設」のうち、軍事闘争を除く他の二つを日本の学界の主たる分析対象としたためであった[17]。統一戦線による抗日闘争は、「反帝国主義反封建主義」という中国革命の課題を直接解決するものではなかったが、その発展は「中国の政治情勢、とくに階級関係に重大な変化を与え、ブルジョア革命の前進を約束する本質をもっていた」と理解された[18]。共産党を指導勢力とする抗日民族統一戦線の形成・発展を通じて、中国では民主勢力の政治的力量が高まり、最終的に一九四九年革命が成功に導かれたと主張したのである。

その研究の基調は中国を「半植民地・半封建社会」ととらえ、中国共産党の反帝反封建の「革命指導」を肯定的に評価するものであった。しかし、「十年の内乱」と評されることになるプロレタリア文化大革命（一九六六〜一九七六）に対する日本国内における批判的な視座の確立は、こうした状況を大きく変化させた。中国を全体的にとらえる枠組みについていえば、一九七〇年代から「半植民地・半封建社会」論の見直しが進み、中国の対外的な自律性と国内の資本主義的な発展に対する、冷静で的確な評価の必要性が強調された。具体的な政治分析の面では、国民党の抗日闘争への関わりや、国共両党から相対的に自立した第三勢力を中心とする動きに関心が払われ始めたのである。

今日まで続くこの傾向を極めて大雑把にいえば、愛国の面すなわち民族解放闘争についていえば、その本当の担い手は共産党だけだと主張するかのような立場が批判され、民主についていえば、主権者としての民衆の政治参加を実現し、さらには三権分立を制度的に整備することを必須の課題として、国民党・共産党がともに目指した政党国家体制を相対化する「もう一つの可能性」を模索することが主流となったといえよう。

さらに愛国と民主の関わりについて、米国のシュウォルツが、中国においては強烈な愛国心ゆえに民主主義思想の受容に際して変容が加えられ、個の尊厳を核心的な価値とみなすリベラルな諸価値が軽視されたと指摘した。この見解が一九七〇年代に日本の学界で着目されるに至った[19]。以後、日本でも愛国の負の側面を直視するという観点からの実証研究が進んだ。

一九八九年の民主化運動に対して、共産党が人民解放軍を使って弾圧したこと（第二次天安門事件）は、中国史研究の方向性に決定的な影響を与え、共産党の支配の正統性への不信感が高まった。だが当面の現実をみれば、共産党は全国レベルの普通選挙と三権分立的な政治体制を受け入れる気配はなく、さまざまな批判を受けながらも、高度経済成長を実現し、愛国心を組織することで政権の安定化を図っている。さらに現在の共産党は商工業者を党員に加えることで、自身を階級政党から国民政党に転換し、その支持基盤を拡大しつつある。独裁政治への内外の批判はあるが、政権がそれなりの安定局面を示していることも否定できないのである。

こうして今日の中国政治には国民諸層の現在の経済発展に対する自信と、侵略されてきた過去の記憶とが複雑に絡み合いながら、過激ともいえる愛国主義のほとばしりが見られはじめた。中国の現在の愛国主義者たちは、共産党の一党独裁との共存と対立の微妙な関係を切り結びながら、その活動を活性化しつつある。このような中国の現実は、日本の学界に中国の愛国の持ついかがわしさを批判する人々を生み出すとともに、他方では中国に欧米流の民主主義は不要だとの議論や、中国なりの民主があるはずだとの見通しを導いている[20]。

いずれにしても今日では、共産党の指導のもとで進められた中国革命を無条件で肯定的にとらえる価値観は、すでに過去のものとなった。その結果として中国近代の抱えた負の側面にも、これまで以上に関心が向けられるようになった（同時に、一九四五年以前の日本に対する肯定的な見直しが同時並行的に進んだことは興味深いが、ここではこれ以上論じない）。中国の近現代に対する今日の批判的な議論には、政治的な思惑もからみ、すべてが学問的な動機に基づくわけではないが、中国近代史像のパラダイム転換の必要性が多くの研究者に共有されて久しい。筆者もこうした学界動向に学びながら、思想史・運動史研究を始めた。

しかし筆者はこの分野に関していえば、李沢厚の「救亡が啓蒙を圧倒した」という命題で象徴的に示された視点――愛国が専制支配を打破する思想・運動を推進する原動力になるとともに、専制にかわるべき民主の内容を矮小化・道具化し、個の尊厳を中核とするリベラルな諸価値の中国における定着を遅らせた、という議論[21]や、フェアバンクの Sino-Liberalism 論――中国の強烈な愛国意識は、集団主義＝国家主義的な傾向を強め、個の尊厳を軽視し、リベラリズムをその名に値しない歪なものに変容したとの見解[22]に、違和感を感じてきた。

たしかにこうした議論は中国の近代思想史の一面を鋭く突く部分を含み、一九七〇年代まで肯定的に評価されてきた中国の愛国の歴史的役割を冷静に再検討するうえで有益だった。だが、愛国と民主を対立的にとらえるステレオタイプな二元論は、両者の間の内在的な関連を問うという視角を排除するものであり、オリエンタリズム的な単純化に陥る可能性もないとはいえまい[23]。

さらに愛国をめぐる言説をそのまま真実とみなし、民族的な危機の実質を客観的に問うことなく、過大に評価することにもなりかねない。たしかに中国の民衆のなかに、眼前の民族的な危機に鈍感で目先の利益にのみ拘泥する人々がいたことは否定できず、こうした民衆を組織するためには、ときに過剰に民族的な危機を演出する必要がある、という見立ても成り立ちうる。だが国共両党はときにことさらに対外的な危機感を煽り、国民の支持を得ようとして、意図的（あるいは無意識的）に誇張された政治的宣伝を行った。それを、そのまま中国を取り巻く国際環境を説明したものと理解することは、学術的には避けなければならない。こうした問題に対して、従来の研究は十分に自覚的だっただろうか。

なによりも近代中国の基本的課題となった国民国家建設の努力が、「はじめに」でも指摘したように、愛国と民主をともに必要としていた。国民国家の枠組みを維持する限り、為政者にとって支配の正統性を獲得するためには、愛国と民主の二つの課題の調整は必須であり、当権者を批判する側にとっても、愛国と民主の課題を分離することは、民衆運動を組織することを著しく困難なものにしたのである。国民国家を舞台とする愛国と民主との関係は、「あれかこれか」の二元論で語ることができるほど、単純ではない。

民主についても、筆者は多義的な民主の意味を分節化し相対化することの必要性を感じるようになった。それは愛国をめぐる問題点の剔抉に比較して、民主に対する再検討が相対的に遅れているように感じられたからである。たとえば抗日戦争期に共産党が統治した「解放区」における人権抑圧のさまざま悲劇については、「愛国が民主を抑圧する」事例として論じられたが、そこには愛国の行き過ぎがなければ、あたかも民主の問題は自然に解決されるかのような思い込みが、意識すると否とに関わらず、存在していたとはいえないだろうか(24)。

こうした自省から筆者はリベラリズムに着目し、二〇〇七年に『中国近代のリベラリズム』を上梓した。さらに筆者も参加したリベラリズムに関わる共同研究が村田雄二郎を中心として進み、同編『リベラリズムの中国』(有志舎、二〇一一年)も刊行された。筆者はリベラリズムを資本主義と等置し、社会主義と厳しい政治的・思想的闘争を展開するものととらえる冷戦時代の枠組みから一度離れるべきだと強調してきた。個人の尊厳を基調とする「良心に従う自由」や「批判の自由」などを核心的な価値とする思想・運動――あらゆる人々の自由を平等に守ろうとする思想・運動としてとらえるべきだと考えているのである。こうした視座からリベラリズムに着目する研究傾向の特徴を一言で表せば、リベラルな諸価値を民主主義は本当に守れるのか、という問いに行き着く。

民主主義が多数者のための政治としての側面を持つ以上、少数者の権利が侵害されることもありうるという事実を直視しなければ、民主を標榜しながらも容易に個の尊厳を抑圧する政治に転化するだろう。またかつては社会主義的民主主義こそが、資本主義的な民主主義の限界を超える「真」の民主主義だといわれてきたことを前提とすれば、リベラリズム研究は既存の社会主義への批判と、あるべき社会主義像の再構築という課題も担うことになろう。

愛国（Nationalism）は世界のありとあらゆる思潮を、中国の革新運動の思想的武器として導入する推進力になった[25]。だが筆者は愛国については、リベラリズム（Liberalism）・社会主義（Socialism）の二つの思潮との関係から考察する必要性を感じている。また民主を一つの思潮とみなさないのは、筆者がそれを「人民の、人民による、人民のための」政治としてとらえ、リベラルな民主も存在するし社会主義的な立場からの民主も想定しうると考えているからである[26]。

第二節　本書の方法

社会主義とリベラリズムの関係については、それを絶対的に対立するものと描き出す冷戦時代の言説の影響が現在もなお強いが[27]、前述したように本書でいうリベラリズムは社会主義を全面的に否定するというものではない。二〇世紀においては資本主義の発展にともなう貧富の格差の増大と、人間疎外の問題にかかわって、従来の「夜警国家」あるいは今日の「新自由主義」（Neoliberalism）とは異なる、社会民主主義の理論的な背景となるようなリベラリズムも深化した。社会主義もレーニン主義に収斂する「科学的社会主義」だけでなく、広義の概念として理解することが学問的には求められ、リベラルな社会主義の可能性を議論することが必要と考えられた。図1に示したように、両者は重複する部分も有していたのである[28]。

民主とリベラリズムの関わりを論じれば、主体としての人民の政治能力の質が、「人民の」政治としての民主の質を規定する分かれ目であり、多数決原理に基づく「人民による」政治の暴走を許さない政治＝

図1　中国の三大思潮

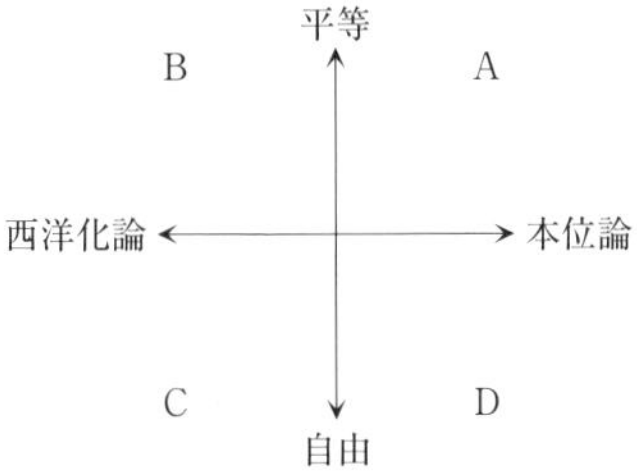

図2　愛国と民主の位相

立憲主義的な変革を実現しうるか否かは、リベラルな価値観を個々の人民の思想と行動の規範として定着できるかどうかにかかっていた[29]。民主と社会主義の関係では、「人民の」「人民のため」の政治を実現する手段として社会主義が重要視され、広義の意味での社会主義が多くの知識人によって支持されてきた点を議論の前提とすべきであろう。

愛国と民主の関係については、図2のような局面に分節して問題を論じる必要がある[30]。すなわち愛国をめぐる問題には、対外的な自強を求める外向きのものと、伝統文化に対する評価など内向きのものの二つの局面があるが、X軸は中国の愛国的な課題を解決する方策として、伝統文化に基づき中国固有の方策を重視する立場（「本位論」）と西洋化論のいずれを重視するかの違いを示している。どちらも愛国的立場であることでは同じである。

民主に関しては図1で社会主義とリベラリズムとの関連から考察する必要性を指摘したが、具体的にはY軸で示したように平等と自由との緊張関係のなかで論じる必要がある。このY軸に即した議論も、「あれかこれか」という二者択一的なものではなく、たとえば平等を求めることがただちに個人主義（Individualism）に敵対する反リベラリズムに直結するわけでもない。ここで問われるのは、あくまでも、どちらを当面より重視しているのかという問題である。図式的にいえば、平等を重視する民主は社会民主主義、さらには社会主義へと傾斜してゆき、自由を第一に考える民主は、権力に関与してゆくことで自らの政治課題を実現しようとする積極的自由を擁護する立場と、あらゆる権力からの干渉を拒絶する消極的自由を第一とする立場――その極点がリバタリアニズム（libertarianism）である――との間で、様々な姿を現すことになろう。

つまり図2のAは愛国ゆえに中国の前近代の文化の優位性を強調し、貧困問題の解決に象徴される「人民のための」政治の実現を求める立場であり、その対極にあるCは愛国の課題を共有しつつも、「伝統文化」の破壊を喫緊の課題と認識し、「人民の」政治の担い手として集団主義的な束縛から解放された自由な個人の創出をなによりも重視した。Bは「伝統文化」を批判する点ではCと一致しながらも、「人民のための」政治の実現が、個の自由の実現のためにも必要だと考えた人々である。

以上の点に留意しながら、愛国に基づく章乃器の思想と行動を分析してゆくが、筆者が章乃器の政治思想だけでなく、その運動にも着目するのは、中国の政治構造の特質を考えることを目標としている。一党独裁を目指す政治勢力が、独自の軍隊を持ちながら、広大な地域を支配するという中国政治の枠組みのなかで、身に寸鉄だに帯びぬ第三勢力の活動が、二〇世紀中国でなしえたこととなしえなかったこと、そしてその限界の由来を考えることは、今日の中国政治の構造を理解するうえでも必須の課題であろう。

章乃器は時々刻々変化する情勢に即応して、発言の力点を変化させていった極めて現実主義的で実践的な知識人の一人であった。彼自身もこの点は自覚しており、自らの民主運動に対する原則とは、人々が消極的な時は積極的になるように鼓舞し、人々が過度に興奮している時は、冷静になるように働きかけるというものだと説明している。[31]その意味で、彼の思想には体系的に理解しがたい点もある。

だが、以下の叙述で明らかにするように、そのときどきの政治的な課題に全力で取り組み、論争的な議論を展開した。本書では、章乃器の愛国と民主をめぐる思想と行動に着目し、リベラリズムと社会主義という補助線を引き、二〇世紀中国の具体的な歴史像に迫りたい。

なお本書では「民族資産階級」「民族資本家」といった史料用語が頻出する。この語は共産党を支持して（あるいは明確な反抗の意志を示さずに）大陸に留まった、民間の中国人商工業者を指しているが、誰がそ「民族資本家」で誰が「買辦資本家」かという問いについては、中国共産党によって恣意的な判断がなされ、この言葉は学術的なものというよりも、極めて政治的な意味合いの強いものとなった。また、そのほかとんどは中小レベルの私企業の経営者であり、日本の民主商工会の参加者に相当する「小ブルジョワジー」と階級区分されてきた階層を多く含んでおり、「民族資産階級」という規定は、科学的社会主義の厳密な議論には馴染まない。因みに筆者は章乃器を指導者のひとりとした民主建国会（以下、民建と略称）を中国における「中小の商工業者のリベラリズム」を代表する小党派の一つに位置づけたことがあるが、[32]本書では史料を引用する場合を除き、基本的には商工業者などと言い換えることとする。

註

（1）　国民党による国民参政会はその取り組みの一つである。また共産党も知識人の支持の獲得が革命の遂行の上で不可欠だとの認識を示していた（「中央関於吸収知識分子的決定」（一九三九年一二月一日）『毛沢東集』第二版、第七巻、蒼蒼社、一九八三年）。中華人民共和国を生み出した人民政治協商会議は、こうした考えを具体化したものであろう。なお知識人重視の近現代中国の政治のありように、「士大夫」が重要な役割を果たしてきた前近代中国の歴史を重ねる立場もあるが、筆者はこの問題を論評する能力を持ち合わせない。

（2）天児慧ほか『現代中国事典』岩波書店、一九九九年、五三〇頁に拠る。

（3）沈鈞儒は浙江人。清末の進士であり、日本留学の経験もある。民国初年には中華民国政府の官吏ともなったが、独裁傾向には批判的で自治運動で名を馳せ、一九三〇年代は弁護士として活躍した。救国会、民主同盟の指導者の一人で、七君子の一人。中華人民共和国成立以後は、初代の人民最高法院長に任じられた。沈鈞儒については、周天度・孫彩霞『沈鈞儒伝』北京：人民出版社、二〇〇六年などを参照されたい。

（4）たとえば中国で出版された伝記には、林滌非『章乃器』石家荘：花山文芸出版社、一九九九年、張学継『坦蕩君子――章乃器伝』杭州：浙江人民出版社、二〇〇七年、鄧加栄・田羽『章乃器伝』北京：民主与建設出版社、二〇一一年の三冊がある。CNKIの「中国学術文献網絡出版総庫」において、「章乃器」をタイトルの検索語にすると九二編の回想・論文がヒットする（二〇一二年五月二六日閲覧）。その主要なものについては、本書の注や巻末の参考文献を参照していただきたい。

（5）胡子嬰は浙江省出身。生年については一九〇九年説もある。一九二八年、章乃器と事実婚。一九二九年に杭州女子師範を卒業したという。その後、章乃器とともに救国会運動に尽力したが、一九四二年に別れた。その後も章乃器とともに、中国の民主化のために運動を継続したが、反右派闘争に際しては章に対する厳しい批判の文章を執筆し、その後も彼の名誉回復に反対した。彼女の経歴については、http://www.hudong.com/wiki/胡子嬰（二〇一二年二月一〇日閲覧）などによる。

（6）章立凡「都門謫居録」同編『記憶――往事未付紅塵』西安：陝西師範大学出版社、二〇〇四年、一七八頁。

（7）鄒韜奮は福建生れ。セントジョーンズ大学出身。黄炎培の職業教育社に入り、雑誌『生活』の編集者として論壇に登場した。一九二〇年代は国民政府への期待を表明していたが、満州事変以後、次第に政府批判を強め、抗戦中は国民参政会のメンバーになるなど中国の民主化に尽力したが、日本占領下の上海で偽名のまま病に倒れた。死に際しては共産党への入党を申請したといわれる。彼の伝記としては、穆欣編著・田島淳訳『中国に革命を――先駆的言論人鄒韜奮』サイマル出版会、一九八六年などがある。

（8）鄒韜奮「経歴」『韜奮全集』七巻、上海：上海人民出版社、一九九五年（原本発行：一九三七年）、二四六～二四七頁。

（9）章立凡、前掲「都門謫録」一七四頁。なお『灘』（広州：花城出版社版、一九八二年）は、一九四五年初秋に公刊されている。

（10）二〇一一年四月五日、上海東華大学で開催された「近代人物研究：社会網絡与日常生活」における筆者の報告（「抗戦前夜的中国社会論与自由主義：以章乃器為素材」）への許紀霖のコメント。

（11）具体的には「上海、太原陥落後の抗日戦争の情勢と任務」（一九三七年一一月一二日）において、「一部の小ブルジョア急進分子に政治的投降の動きがある（その代表は章乃器）」と批判されている（外文出版社版・第二巻、一九七二年、七四頁。ただしこの文書は竹内実編『毛沢東集　第二版』五巻、蒼蒼社、一九八三年および同編『毛沢東集補巻』五巻、一九八四年、同前、九巻、一九八五年には収録されておらず、中華人民共和国成立後の『毛沢東選集』が初出と判断されている。

（12）以下の記述は主として山田辰雄編『近代中国人名辞典』霞山会、一九九五年の当該箇所を参考にした。

（13）羅隆基については水羽、前掲『中国近代のリベラリズム』も参照のこと。

（14）施復亮については、同右も参照のこと。

（15）王造時については、水羽信男「一九三〇年代中国における政治変動と政治学者――王造時を素材として」村田雄二郎編『リベラリズムの中国』有志舎、二〇一一年を参照のこと。

（16）水羽信男「中華民国後半期（一九二八～一九四九）政治史研究綜述――日本中国近代史研究的成果与今後的課題」『地域文化研究』第三〇巻、二〇〇四年などを参照のこと。

（17）軍事闘争に対する日本における関心の低さを、平和憲法とも関連を持ちつつ日本の学界に存在した戦争への忌避感に結び付ける議論もあるが、ここでは触れない。軍事史としてはさしあたり菊池一隆『中国抗日軍事史一九三七～一九四五』有志舎、二〇〇九年がある。

（18）横山英「抗日民族統一戦線の形成過程」『講座社会科教育』一二巻、柳原書店、一九六五年、一六九頁。

（19）シュウォルツ・平野健一郎訳『中国の近代化と知識人――厳復と西洋』東京大学出版会、一九七八年。因みにシュウォルツの原書（*In search of wealth and power: Yen Fu and the West*）の発表は一九六四年であった。

（20）こうした傾向を示すものとして、新儒家による中国の伝統文化・思想の再評価への関心の強まりを指摘できる。中尾友則『梁漱溟の中国再生構想――新たな仁愛共同体への模索』研文出版、二〇〇〇年や西村俊一「梁漱溟の復権と「郷村建設運動」の再評価――名著『郷村建設理論』（日本語訳）の復刻再刊に寄せて」『東方』二三四号、二〇〇〇年八月などを参照のこと。

（21）李沢厚・坂元ひろ子ほか訳『中国の文化心理構造――現代中国を解く鍵』平凡社、一九八九年。

（22）フェアバンク・大谷敏夫ほか訳『中国の歴史――古代から現代まで』ミネルヴァ書房、一九九六年、第一三章「中国人市民社会の探求」の第一節「中国人の自由主義の限界」など。

（23）リベラリズムとオリエンタリズムの関係については、井上達夫「リベラル・デモクラシーとアジア的オリエンタリズム」今井弘道・森際康友・井上達夫編『変容するアジアの法と哲学』有斐閣、一九九九年を参照のこと。

（24）戴晴・田畑佐和子訳『毛沢東と中国知識人――延安整風から反右派闘争へ』東方書店、一九九〇年。

（25）以下については水羽信男「抗戦前夜の中国社会論とリベラリズム――章乃器を素材として」久保亨・嵯峨隆編『中華民国の憲政と独裁　一九一二～一九四九』慶應義塾大学出版会、二〇一一年も参照のこと。

（26）Nationalism・Liberalism・Socialism は中国近代の三大思潮と位置づけられている（胡偉希・高瑞泉・張利民『十字街頭与塔――中国近代自由主義思潮研究』上海：上海人民出版社、一九九一年、陳儀深『近代中国政治思潮――従鴉片戦争到中共建国』板橋：稲郷出版社、一九九七年）。

（27）菊池一隆の拙著に対する書評（『現代中国研究』二四号、二〇〇九年三月）は、近年におけるその典型といえる。

（28）民族主義的な要素を排除した社会主義としては、世界革命を標榜する理念としての「左翼反対派」（トロツキー派）の思想がある。民族主義を自己否定したリベラリズムとしては、アナキズムを指摘できるかも知れない。社会主義やリベラリズムと交わらない民族主義としては、『中国の命運』（一九四〇年初版）に象徴される蔣介石・国民党の民族主義が位置づけられよう。この問題については、水羽信男「リベラリズムとナショナリズム」飯島渉・久保亨・村田雄二郎編『シリーズ二〇世紀中国史』三巻、東京大学出版会、二〇〇九年もあわせ参照されたい。

（29）民主主義体制の成熟のために、リベラリズムが重要だとの指摘は、井上達夫「根源的民主主義は根源的か」（『思想』八七〇号、一九九六年六月）などに拠る。ただし井上も千葉真の『ラディカル・デモクラシーの地平――自由・差異・共通善』（新評論、一九九五年）をめぐる論争などを経て、現在ではリベラル・デモクラシーとの用語も使用している。

（30）この図はもともとリベラリストの思想を分析するためのものであった（水羽、前掲「一九三〇年代中国における政治変動と政治学者」）が、愛国と民主との関係を考えるうえでも、援用できると考えている。

（31）章乃器「由前方主義転向到後方組織」同『出獄前後』上海：上海雑誌公司、一九三七年（原載：『立法』一九

三七年八月一九日)、四七頁(章立凡編『章乃器文集』上下、北京・華夏出版社、一九九七年、下・三七〇頁。以下、『章乃器文集』に所収されたものについては、その巻号と頁数を〔 〕に入れ、〔下・三七〇頁〕のように示す。また〔 〕での付記がないものは、『章乃器論文集』に未掲載のものである。なお章乃器の著書に収録されたエッセーについては、原載紙誌で確認できた場合、そちらの書誌情報を記載した。原載紙誌を注記しているものについては、筆者は初出未見である。以下、同様。

(32) 水羽、前掲『中国近代のリベラリズム』。

第一章　章乃器の初期思想の形成

問題の所在

本章では一九二七年の国共分裂以後、一九三六年の全救聯成立前夜までの章乃器の思想と行動について主として検討する。この時期に形成された思想が、その後の章乃器の思想の核心部分を形成することとなったからである。この時期、かれは一銀行家から抗日運動の指導的幹部のひとりとみなされるに至る。

一九二四年、広州で国共両党は内憂外患に苦しむ中華民国の政治を改革するために、反軍閥反帝国主義を目指す国民革命を始めた。さらに一九二六年には首都・北京を目指して北伐を発動した。国民革命軍は破竹の勢いで北上し軍閥を排除したが、一九二七年、蔣介石は共産党への徹底した弾圧を開始するに至る（四・一二クーデター）。それは章乃器を含む多くの人々が期待した国民革命が、国共合作という枠組みでは展開しえないことを誰の目にも明らかにした。

四・一二クーデター以後、新たな中国の変革論の構築をめぐって、国共の内戦が始まるだけでなく、国民党内部でも国共合作時の孫文の三民主義の理念を掲げる左派と蔣介石との間で、厳しい対立が起こっていた。国共内戦と並行しておこった国民党内での武力をともなう激しい対立は、こうした理念上の対立とも複雑に関連していたのである。

日本は中国の内部対立の隙を突くかのように、済南事変（一九二八年五月）、「満州某重大事件」（同前六月）、満州事変（一九三一年九月）、第一次上海事変（一九三二年一月）、「満州国」の建国（同前三月）と、矢継ぎ早に侵略を強化した。全面戦争に至らないとはいえ日中両国の間では武力衝突さえ起こり、中国の国土の大きな部分が奪われたのである。こうして中国では、対日問題がクローズアップされることになった。

いかにして日本の侵略に対峙するのか、という愛国の課題をめぐっては、さまざまな立場があり、それぞれがその根拠を持っていた。当時、もっとも大きな影響力を持っていたのは、英米との連携のもと国民党の一党独裁の枠組みを維持して、民衆の抗日運動を統制しつつ、民族問題を解決することを目指した蒋介石の「安内攘外」論であった。それは当時も、現在でも対日妥協を繰り返し売国的であったとみなされることがあるが、国民党・蒋介石なりの愛国論であり、彼らの姿勢は一九四五年の抗日戦争の勝利まで一貫していた(1)。

たしかに一九三七年春の事実上の第二次国共合作の成立は、一九三〇年代初頭の「安内攘外」政策の転換であった。しかし、それは基本的には一九三〇年代半ばの国内の統一と建設の一定の進展を前提として、「安内攘外」論に基づき日本の華北侵略の強化に対応した政策上の変化とみなすべきであろう。蒋介石・国民党が「安内攘外」政策の行き詰まりと民衆運動に迫られて、「安内攘外」論の本質を変更したととらえるのは、あまりに理念的に過ぎると筆者は考えている。

国民党の一党独裁の枠組みを維持しつつ、民衆運動をコントロールしようとする蒋介石の「安内攘外」

論が維持されていたがゆえに、愛国と民主を求める章乃器たちは、蔣介石・国民党とは別の運動を創出し、蔣介石・国民党と対抗してゆく必要があったといえる。本章は章乃器の思想と行動を通じて、国共両党に対して相対的に自律的な立場に立とうとした第三勢力がこの課題にどのように対応したのかを考察する。

具体的にはまず章乃器の生い立ちを踏まえて、彼の中国社会論を検討する。中国社会をいかに認識したのかが、彼の運動論・変革論を規定すると考えるからである。ついで二〇年代末からの、特に満州事変(一九三一年)以後の反日民衆運動の展開過程を概観したうえで、その運動との関わりのなかで深化した彼の一九三六年前半までの中国変革構想について検討する。最後にこれらの分析を踏まえて、章乃器の初期思想における愛国と民主についてまとめたい。

第一節　銀行家から第三勢力のリーダーへ

『新評論』以前

章乃器は一八九七年三月、浙江省青田県の郷紳の家に生まれた。[2] 彼の祖父は挙人、父も日本留学生で、兄は保定軍官学校で国民党の有力軍人の一人となる白崇禧と同級であった。また弟は共産党員であり、彼の一家はそろって政治的な関心が高かったといえるだろう。[3]

章乃器の知的な遍歴は、長兄の勧めで一五歳の年に入隊した航空隊の解散後、キャリアアップのために進学を志したことからはじまる。しかし、すでにその年の新入生の募集は多くの学校でおわっており、彼には選択の余地はほとんどなかったといわれる。こうして意に沿わない商業を学ぶこととなった彼は、一九一八年に卒業。浙江省立商業銀行に入行するが、「練習生」の待遇に不満を持ち通州の京兆銀行へ移り、そこで五四運動に出くわす。

後年の彼の回想によれば、彼が一九一九年五月の北京でみたものは、エリート大学生と彼を含む中間層および一般民衆との間の圧倒的な格差であった。二一歳の彼は五四運動の消息を聞き、いてもたってもおられなくなり北京へ向かい、デモ隊を見て愛国の情に打たれて涙を流す。しかし国家の大事を預かる「神の寵児」＝大学生たちは、章乃器らに声をかけることはなく、彼もまた大学生の列に加わるすべを持たなかった。彼は次のように回想している(4)。

目の前は偉大な歴史の巨大なうねりである。しかし結局、私はこの巨大なうねりに参加する方法を思いつかなかった。もしそのとき誰かが「救いの手」を差し伸べてくれたら、私はその人に言い尽くせない感謝の気持ちを持っただろう。

章乃器は京兆農工銀行で順調に昇進したようだが、該行は軍閥混戦のあおりをうけて閉鎖され、外資系の商社に転職することになる。ここで彼は米国人経営者の中国への蔑視を実感し、抗議の意味を込めて退職し、再び浙江省立商業銀行へ復職することになったという。

『新評論』時代

章乃器の社会的発言は、浙江省立商業銀行での生活が軌道にのった一九二七年末から始まり、『新評論』などを通じた言論活動は、論壇で一定の影響力を持つに至った。章乃器はこの雑誌のなかで、共産党の勢力を拡大させないために、孫文の三民主義の徹底した実行を求めるなど、当時の国民党左派と同質の議論を展開していた(5)。彼は国民党に期待をかけ続ける理由として、現在の国民党の失敗は全ての国民党の失敗とはみなせないこと、孫文の思想は現在でも生命力を持ち続けていることをあげたが、その第一の要因は一国の政治には中心勢力が必要だと考えたことであり、今日、国民党に替わる存在はなく、全力をあげてその再生を期する必要があるとしている(6)。

章乃器は『新評論』に掲載した評論については、その後、自らの著作集に収録することはなかった。その理由は不明だが、総体としていえば、習作のレベルを大きく超えるものではなかったからであろう。だが、その内容は章乃器の思想の有り様を象徴的に示していると筆者はとらえている。

また同世代の他の知識人と比較すると、章乃器の政治的発言は比較的遅かった。たとえば王造時や羅隆基などは、中国の最高学府のひとつである清華大学に在学していた一九一〇年代から言論活動を始めた。彼らは『清華周刊』などを通じて、学術的あるいは政治的な言論活動を活発に展開し、論壇で一定の地位を有していたのである。

章乃器同様、正規の大学教育を受けていない者でも、国民党や共産党との関わりがあれば、たとえば施復亮のように二〇歳代のはじめから『覚悟』や『新青年』などを通じて自らの思想的立場を表明できた。こうした彼の言論界におけるデビューの遅れは、後述するように微妙に彼の議論に影響を与えることになる。

『新評論』以後

『新評論』は一九二九年に停刊するが、一九三一年には沙千里（一九〇一～一九八二）が組織した蟻社のメンバーとして社会活動を本格化した。ちなみに沙千里は徒弟から弁護士となり、国民革命にも関わったのち、章乃器とともに抗日七君子となった人物で、一九三八年には共産党に入党している。蟻社は沙が一九三〇年に創設した団体で、青年を組織し社会改良を目指す団体であった(7)。

一九三三年九月には李公樸・沈鈞儒らとともに上海中華基督教青年会（ＹＭＣＡ）智育事業委員会のメンバーとして、「統制経済と計画経済」という講演を企画し、自ら講師の一人となった。この連続講演会の演目には、他に「国防――戦争と防毒・航空」などが含まれており、満州事変後の日中関係の悪化を章乃器らなりに受け止めた内容となっている。受講を呼びかける対象は、各学校の他に、各銀行、中華職業学校、市商会補習学校、中報館流通図書館補習学校などがリストアップされた。彼らが自らの活動に参加を求めたのは、上海の資本主義発展のなかで社会的関心を深めつつあった青年層であったといえよう(8)。

一九三五年七月には上海市商会の「復興工商業委員会」の委員に就任を要請される。この委員会は、秋に商工業の中間管理者（主管・店員・事務員・見習いなど）を対象として、事務に役立つ社会教育を施すことを計画し、章乃器も統計組の構成員に列せられている。その工作方針草案には国内の困難以上に外因、すなわち満州国の成立が工商業者を苦しめているとの認識が前提となっており、のちに民主建国会に結集する上海の商工業者——厳諤声、胡西園らも委員となっている。[9]日本による華北分離工作が進展するなか、上海市商会の対外的な愛国心はさらに深まっていたのである。

章乃器も愛国運動の高揚のなかで、その社会的地位を向上させ、沙千里や李公樸、沈鈞儒などのちの七君子となる上海の著名な社会活動家や私営商工業者との関係を深めつつ、愛国的知識人として社会的位置を高めた。こうした活動は、五四運動で感じたエリートとの溝を彼なりに埋めるという意味合いもあったように思われる。彼は次のように指摘している。[10]

私は今日、目覚めた青年は必ず、次のことをはっきりとさせなければならないと考えている。即ち我々はもとより民族と社会に対する責任——これは歴史的使命である——を負わなければならない。しかしこの責任は、事務所、〔商店の〕帳場、さらには肉体労働のなかで負わなければならないのである。職場を離れることは、社会から離れることであり、それはすなわち現実の社会を理解できないということである。

ちなみに「職業人の政治活動」の必要性を説く立場は、一九二七年から一貫しており、彼にとっては言論活動の最初から重視されていた。[11]

章乃器は銀行家としての実践に根ざした現実的な言論活動を展開することで、当時におけるオピニオンリーダーの一人と目されるに至ったのである。当時の言論界では愛国心が高揚したが、国民党の統制下にあったメディアにおいて、愛国心の担い手として共産主義が一面的に支持されたわけではなかった。[12]章乃器は一貫して国共両党から自律した独自の政治的立場を保持しつづけたが、その言論は一九三〇年代以後の都市中間層の世論の動向を代表したといえよう。

こうして章乃器は一九三五年には上海の光華大学へ招聘されるに至り[13]、中国経済学社の上海分社第七期理事（一九三六〜一九三七年）にも就任している[14]。海外留学はおろか大学での教育も受けたことのない章乃器が、〝一流〟の学者に数えられるようになってゆく。

第二節　章乃器の中国社会認識

中国社会史論戦をめぐって

ここでは章乃器の社会認識を、一九三〇年代の中国社会の性質をめぐる論争との関連から考える。この論争は中国学術界の争点となったといわれるが、章乃器が直接関わった形跡はない。しかし当時は反共的な歴史学者でさえマルクス主義を考慮せざるをえなくなった[15]。同時に章乃器は「中国社会の実態と、半植民地中国の金融市場」の実態を明らかにし、それゆえに言論界で一定の影響力を保ちえたと評価されている[16]。

そうであるならば、論戦への参加の有無とは別に、当時の彼の中国社会認識を検討する必要もあろう。以下では行論に関連する範囲で、先行研究に拠りながら、当該時期の論争の成果について概観しておく[17]。

一九三〇年春ごろから、現状分析（「中国社会性質」）と歴史区分（「中国社会史」）をめぐる論戦が相互に関連しながら本格化し、一九三四年からは「中国農村社会性質論戦」も始まり、中国の社会性質とその歴史的来歴について論争が展開された。その背景には、「民族」ブルジョワジー・小ブルジョワジー・労働者・農民の連合戦線＝「四民ブロック」による、「反軍閥反帝国主義」の国民革命の構想が、一九二七年に蔣介石の反共クーデターにより崩壊したことがあった。中国共産党のみならず、国民党内の反蔣各派にとっても、中国の変革論の再構築の必要性が生じ、そのために改めて中国社会の現状を如何に理解すべきかが、問われたのである。

この論争は国際的に見れば、国際共産主義運動内部における中国革命の指導権をめぐるスターリンとトロッキーの対立を前提としつつ、「二七テーゼ」をめぐる日本におけるマルクス主義歴史学の発展の影響も受けていた[18]。それはアジア的生産様式をめぐる論争を含みつつ[19]、当時の科学的社会主義にとって中心的な論点を形成した。論争の当事者の一人であった何幹之は、「思想界の盛事」であり「歴史的な価値を有する論争」で、上滑りでない人は「深く理解する必要がある」と自画自賛している[20]。

とはいえ当時の政治的・思想的状況では、中国のマルクス主義的な学術がコミンテルンの枠組みを突破できるはずもなかった。だが「帝国主義の支配下にある半ば植民地化した半封建主義な社会」との定義が強力に宣伝されてゆき[21]、精緻化されて今日の中国における正統史観となったことはまぎれもない事実である。その主張の核心部分は、次の三点であった。こうした立場にたつ学者たちが、ソ連と中国との提携の必要性を強く主張したことは、いうまでもない。

①帝国主義は、中国経済の命脈を握り、その中国における統治権を維持するために封建勢力と結合し、

農村経済を破綻に導くとともに、「民族資本主義」の発展を阻止している。②中国農村においては、資本主義的な要素が生じていることは否定できないが、封建的な搾取と生産方式が主導的な位置を占め、帝国主義は封建軍閥および封建勢力と密接に結びついている。③したがって共産党の指導下にある労農同盟に基礎を置く独裁政権を樹立して、「反帝国主義反封建主義」の「ブルジョワ民主主義」革命を実現する必要がある。(22)

対外認識

章乃器は中国社会を次のように定義した。(23)

高層に巣くうのは国際帝国主義で、深層において圧迫されているのは半封建的な農村社会である。そのあいだに都市の買辦階級がおり、買辦階級に寄生しているのは民族資本と農村のブローカー、そして軍閥・官僚の政治組織である。

こうした認識は帝国主義への厳しい批判的立場から導かれていた。とりわけ章乃器は一九三三年の段階で、近い将来における日本の侵略を想定し、それは当時の日本にとっての華北商品市場の狭まり、そして国際的なブロック経済化によってもたらされると説明した。(24)

さらに注目すべき点は、章乃器が英米など民主主義陣営と呼ばれることになる帝国主義国家についても、厳しい評価を下していたことである。すなわち一九三〇年代半ばにおいて、日本と英米との対立に期待し、両者の開戦を中国にとっての救いの道と考える人々もいたが、たとえば彼は英国は中国の戦争準備に乗じて利益を得ようとしているだけで、「決して中国を助けて民族解放戦争を完成しようとは望んでいない」と指摘している[25]。

同時に章乃器は、いわゆる自由主義的経済学へも極めて低い評価を下していた。それはたとえば一九三五年に顧翊群と行われた論争に示されている。顧はニューヨーク州立大学で修士号を獲得した新進気鋭の経済学者であったが[26]、この論争は顧が中国の保護貿易主義的傾向を批判し、国際市場への積極的な参加を求めたのに対して、章が厳しく反発したものであった。軽々に論じることはできないが、顧翊群の議論は今日の中国の改革開放政策を先取りしている部分もあり、当時の中国の経済力を勘案したとき、発展を実現する一つの方策であった。少なくとも顧の議論に対して、章乃器の議論は学問的には極めて杜撰である。

しかし本章の課題は、章乃器の至らなさのあれこれを剔抉することではない。専門的な経済学の教育を受けたこともなく、銀行業務のあいまに学術的な発言を始めた章乃器に、研究者レベルの学問的な水準を求めることが、筆者には意味あることとも思えない。むしろ彼の文章は、単純明快で一見してストレートに主張が伝わるエッセーであり、専門的な学者の精緻で学問的に正確だが、一般読者に分かり難い論文ではなかったことに注目したい。

すなわち章乃器によれば、中国を侵略する英国資本主義の発展は、自由主義の賜であり、「植民地自由主義」は帝国主義とその買辦にかかわって中国を搾取するのである[27]。さらに彼は自由主義が帝国主義の中国侵略を援護すると批判しただけでなく、個人主義も帝国主義者が民族の統一を破壊する道具だとみなした[28]。章乃器は、極めて愛国的な情念を全面に押し出し、中国が学術界を含めて「植民地化」されつつある、との強い危機感を示したのである。彼は社会史論戦における共産党系の「半植民地」論と、結論的には同じ立場に立ち、その分かりやすさによって、相応の影響力を持ったと考えられる。

国内認識

国内問題に関していえば、章乃器はなによりも農村問題が重要だと強調した。それは、彼によれば「植民地の経済のなかで農村経済が間違いなく主役」だからだと説明された。とはいえ同時に章乃器が、「農村経済」に関する問題が当時論壇を賑わせていたことに便乗したのではない、とことさらに断っていることを踏まえれば、彼が中国農村社会性質論戦を意識していたことは間違いないだろう[29]。

章乃器にとって農村における問題の焦点は貧困であったが、その状況の歴史的性格について、次のように説明している[30]。

> 封建制の残滓である中国農村のこのたびの破産は、封建制度を代表する崩壊ではなく、資本主義を代表する崩壊である、と我々は理解すべきである。もし封建制との関係を説明しなければならないのなら、我々は、次のようにいっても差し支えないだろう。すなわちこれは資本主義の崩壊過程における封建制度の残滓の粛清である。

その上で中国農村の疲弊の要因として、次の五点を指摘した。①「国際資本主義」の工業製品・農産品の流入による中国の農村手工業・農業生産の破壊、②帝国主義が背後で糸を引く内戦、③国内「民族産業」の生産する工業品の流入、④天災、⑤苛捐雑税。彼はこれらは多かれ少なかれ資本主義との関係が深いとみなしている。[31]

章乃器は中国を「半封建」社会だと規定していたが、上記の叙述に基づけば、封建制度はすでに「残滓」であり、その「残滓」も資本主義の搾取により急速に根絶やしにされつつある。とすれば、そののちに生まれている（あるいは生まれつつある）のは、資本主義により支配される農村という理解も可能ではなかろうか。彼のいう「半封建」の「半」が意味するのは、共産党系の論者とは異なり、資本主義社会への移行をより強調するものだったのかも知れない。

しかし他方で、章乃器は中国の経済的な後進性の原因として、各地域が分裂状況にあることを強調し、それを「封建割拠」と呼んでいる。章乃器にとっては封建勢力が強いがゆえに、中国政治は「局部を顧みるだけでなく、大局を顧みない」という弱点をもつのである。[32] この点を重視すれば、「半ば」ではあるもののその問題の根幹は「封建」勢力の跋扈にある。

こうした概念規定における混乱は、結局のところ、先にも指摘したように彼が社会科学、特に経済学を系統立てて学んだことがないことに起因していたように思われる。その結果、たとえば章乃器は「土地の私有制が封建勢力の基礎」とみなすかのような論断を行い、[33] 剰余価値とは「資本家と労働者の消費量」を商品の総生産量から減じたものだと説明した。[34] 彼はときにマルクス主義的な学術用語を使用してはいるが、極めて杜撰な議論を展開していたのである。彼が非「学院系」といわれるゆえんであろう。

だが浙江省の農村出身の彼は、中国農村の行き場のない疲弊を直視することにおいては人後に落ちなかった。[35] 中国農村の貧困のありようを語る彼の視線は、水利にしろ農村金融にしろ具体的な状況に即したものであった。おそらくそれゆえ、彼は国民経済の立場に立てば、本来、我々は都市の工業化を要求するだけでなく、農村の工業化＝農業の現代化を求めるべきであると、都市と農村の同時発展の必要性を強調したのである[36]。

章乃器は経済発展できても、鋏状価格差（Schere）による農民の破産と引き替えでは、植民地化でしかないと拒否した[37]。こうした議論は現実に国民政府のもとで進展していた工業建設を批判するものであり、章乃器の議論が愛国的な危機感に基づいているだけでなく、農村からの原始的蓄積による工業建設を構想する人々と一線を画していたことも、確認しておくべきであろう。

他方、都市の商工業者をとらえる際、章乃器は「民族資産階級」を「帝国主義に附属した幼稚」な存在と位置づけている[38]。彼は次のように「民族資産階級」の性格を描き出し、その階級としての成熟度の低さを強調したのである[39]。

この微弱な民族資本は、帝国主義の軍事力がコントロールする対外貿易港に集中するがゆえに、中国が対外的な闘争を開始するとき、それは必然的に敵〔帝国主義〕と妥協し、はなはだしい場合には敵に投降し、自己の資本の利益を守らなければならないのである。

したがって、章乃器の対内認識は、種々の混乱があるにしても、総じていえば帝国主義の中国侵略を強調し、その結果として中国における資本主義的な発展の水準を極めて低く見積もり、「半封建」性を強調するものとなった。

章乃器の中国社会論の特色

章乃器は共産党系の論者と同様「半植民地・半封建」社会論に立っていた。さらに前述のように章乃器の議論は、容易に自由主義批判・個人主義批判に結びつき、個の尊厳を前提とするリベラルな諸価値をトータルに否定する傾向を持っていた。当時の共産党はコミンテルン第六回大会の「中間勢力主要打撃論」に基づき、憲政の実現を求め独裁に反対する胡適や羅隆基らを批判していたが[40]、章乃器の論調は客観的には共産党と軌を一にするものであった。

だが、章乃器の使用したあれこれのマルクス主義的術語に関わらず、彼はマルクス主義に基づく階級分析によって、「半植民地・半封建」論を構築したのではない。彼が議論の底流に置いたのは、如上のように対外的な愛国心であった。

また当時の中国社会論をめぐる議論では、マルクス主義者によって主として経済面からの議論が進められるとともに、それに対抗する意味合いも持ちながら、胡適らによって中国文化の後進性が問題とされた[41]。両者は政治的には対立しつつも、西洋化論者という面では同一の立場に立っていた。こうした論壇の状況と比較したとき、断片的な記述ではあるが、章乃器が西洋対東洋という「二元哲学」に基づく「東方文明は精神文明」という謬論を正すとともに、「一般の唯物論者」の「東方文明」に対する軽視を改めさせようとしていることは注目される。彼は「表面上は欠陥があり不完全な東方文明のなかに、重大な科学的価値が潜んでいる」と見なしたのである[42]。

章乃器は「科学的な方法で文化遺産を整理する」ことの重要性を説いており、[43]彼は少なくとも全面的な西洋化論者とは立場を異にしていた。[44]中国文化の内在的な活力を議論の前提としていたとみなしても間違いないだろう。彼は対内的な意味でいっても、愛国主義の鼓吹者であったのである。

さらに附言すれば、筆者が章乃器の「半植民地・半封建」論に関して、注意すべきだと考えているのは、彼が農村問題に注目し、共産党が指導する農民闘争について同情的であるにもかかわらず、[45]農村社会に対する学術的な階層分析をほとんど行っていないことである。共産党系の論者の「半封建」論の根拠となった地主制理解などは、一九三五年までには合法雑誌を通じて明示されており、当時の章乃器の概念規定の曖昧さは否定できない。その「反封建」的な姿勢の裏付けは極めて脆弱であったといえよう。この点に筆者が着目するのは、章乃器が抗戦開始直後、後述するように農村の伝統的な社会的な結びつきを、抗戦に役立つものとして肯定的にとらえているからである。[46]

第三節　章乃器の変革構想

抗日民衆運動の開始と章乃器

如上の社会認識に導かれてどのような中国変革論が提起されたのか、この点を確認するまえに満州事変以後の抗日民衆運動の政治方針・組織方針の変遷過程を、国共両党との関係のなかでごく簡単に跡づけておく[47]。

章乃器は第一次上海事変に即応して、沈鈞儒、鄒韜奮、李公樸、周新民ら上海文化界の人々と「十人組」を組織し、晩餐会の形式で政治活動を進めた。この集まりが一九三六年五月末に成立した全救聯の前身であるとされ、彼は単なる言論活動を越えて、組織活動を始めたのである。当時の章乃器の抗日戦略そのものは明示されていないが、当時の論壇の主流となった議論は国民政府に依存し、それを抗戦の中心に位置づけたうえで対日抗戦を求め、様々な抗日政策を実施するよう要求するものであった[48]。

章乃器の議論もこの枠内に留まっていたと思われる。それは当時、章乃器が上海銀行界で一定の地位を持っていたことを考えれば、当然のことであったが、彼の国民党イメージにも起因していたように思われる。彼は一九二八年に国民党を国民革命の担い手と位置づけ、階級闘争を展開する共産党の方法を中国には相応しくないものとして批判していたのである[49]。それゆえか「十人組」以後、章乃器は一九三四年の民族武装自衛運動まで表だった政治活動に参加していない。

たとえば蔣介石・国民党は日本の侵略に対して妥協を重ねながら共産党攻撃をくり返したが、こうした動きに対して、蔣介石の「安内攘外」政策に批判的な宋慶齢ら国民党内の左派勢力が中心となって、一九三二年一二月、「中国民権保障同盟」を組織した。王造時なども参加したこの同盟は、一九三三年六月の楊杏仏の暗殺によって事実上解体させられたが[50]、章乃器はこの組織に参加していないのである。

一九三四年から蔣介石・国民党は「新生活運動」に力を注ぎ、都市における権力基盤の強化を急ぎ、共産党への攻撃も強めた。共産党は一九三四年一〇月に根拠地・瑞金を放棄し、行く当ての無い逃避行

（「長征」）を開始した。「安内攘外」政策は成功裏に進められていたのである。

共産党にとっては消滅の危機が出現したわけだが、一九三四年五月からは、再び宋慶齢を正面に立て、反蔣介石勢力を愛国のもとに結集するために、民族武装自衛運動が始まった[51]。章乃器も今回は参加するに至る。章自身はのちに、運動への関わり方は消極的だったと回想しているが[52]、「中国人民が日本と戦うための基本綱領」（「綱領」、五月三日）にも名前を連ねることになった。日本の侵略に如何に対抗するのか、という問題をめぐって当時の論壇ではさまざまな議論が提起され、章乃器も自身の立場を明示する必要にせまられたといえよう。

民族武装自衛運動は以下の点において、これまでの運動の限界を突破し、救国会運動へ道を開くものとなった。第一に、「綱領」と「日本と戦うための宣言」（六月二〇日）で示された民族武装自衛運動の基本方針が、全体的に見れば、当時の共産党中央の反日方針とは異なる画期的なものであったこと。つまり、民族武装自衛運動は、①内戦停止・一致抗日を訴え、②日本帝国主義、売国奴のみを攻撃目標として全民族的な統一戦線の形成を提案し、③人民武装による民衆の抗日戦争への参加を主張し、④抗戦遂行のための全中国的な指導機関として民族武装自衛委員会の組織化を提唱し、⑤反日国際統一戦線の形成を提案したのである。したがって、第二に「綱領」はコミンテルン駐在中共代表団の作成したものであり、過大に評価することは慎むべきだが[53]、章乃器らによって主体的に受け入れられたと思われること。第三に、「綱領」が二千名近い賛成署名を得て発表されたように相応の数の知識人に支持されたこと。

総じていえば、民族武装自衛運動は蔣介石・国民党に対する批判的立場を貫いたことで、なしくずし的な崩壊を免れた。抗日のために全国的な統一指導機関の設置を構想したことも、運動をさらに発展させるために必要なことではあった。しかしながら、民族武装自衛運動は当時の政治情勢を左右するほどの現実的な力となりえず、一九三四年の秋以降、衰退していった。

その理由の一つは国民政府・国民党による弾圧であるが、運動の側の主体的な要因も指摘できる。それは、「綱領」が「国民党や国民政府に頼って抗日救国を実行しようと考えても全然望みがな」いと述べ、国民政府・国民党の対日政策に徹底した批判を浴びせるだけで、執政党・政府とその軍隊を抗日闘争のなかに位置づけることができなかったことである。民族武装自衛運動の指導者は、全民族による抗戦を主張しながらも、既存の政府とは異質の「抗戦遂行のための全中国的な指導機関」の設置を提案したにとどまっていた。

章乃器の中国変革論とその特徴

前述の課題を解決するための章乃器の運動論については、救国会運動の指導の問題とあわせて次章で詳述するとして、本節では章乃器の中国変革構想について検討しておく。章乃器は民族武装自衛運動への参加を経て、一九三五年に入ると愛国的な政治運動について具体的な発言を強めてゆくが、同時にいかなる中国を建設するのか、という将来構想についても積極的に発言してゆく。

この点に関して、まず注目すべきは章乃器が工業化一般について、「民族資産階級が極端に未熟な中国において、我々はまったく遠慮なく計画経済を主張しなければならない」と述べていることであろう。[54] この統制経済は、章乃器の用語法では社会主義とも呼ばれ、たとえば「国有と共同所有の農場」制度のもとで農村の工業化を実現することが社会主義の方式とされている[55]。

共産党のいう社会主義とは違う、広義の社会主義は当時の論壇においては決して少数の意見ではなく、たとえば当時のリベラリストの一人である王造時なども、上からの工業化と民衆の生活の改善を社会主義と呼んでいる[56]。また共産党を厳しく批判し続けた胡適でさえ、ソ連の社会主義建設に強い関心を寄せる一方、フェビアン社会主義的な組織活動を中国で追求したことがあった[57]。

こうした論壇の雰囲気のなかで章乃器も社会主義、すなわち都市の工業建設における統制経済と農村における集団化を、政府が「上から」強力に推し進めることを求めたのである。それはソ連の五カ年計画の成功という宣伝によって促されたが、同時に世界大恐慌後という国際環境に規定され、章乃器が資本主義の将来に対して極めて低い評価をしていたことにも、起因していたように思われる[58]。

とはいえ、彼は国民経済の発展の先決条件として民族解放闘争を位置づけ、それを通じてのみ中国は国民経済の建設を勝ち取れるのであり、国民経済の建設によって民族解放が実現できるのではないと強調している[59]。章乃器は帝国主義による中国侵略の事実を極めて強調したのである。それは「安内攘外」政策をとる南京国民政府への強い批判を意図していた。

この点に関わって章乃器は中国の経済建設に関して、次のような楽天的ともいえる展望を示していた[60]。

中国は地大物博の大陸国であり、特に自給自足の経済発展に適している。我々は国内の封建的な割拠勢力を排除し、国内の交通を改善して国内の資源を開発し、国内の生産市場と消費市場を橋渡しできれば〔資本主義発展のための障害はなく〕、需要を満足させられないことや国外からの経済的な圧迫を受けることも恐れる必要はない。

すなわち章乃器にとって中国の「経済建設は自給自足主義」を採るべきであり、「国際的な分業」ではなく、「省と省との分業」により経済発展は可能だったのである。[61] とすれば、一時的に国際社会と国交を断絶するとしても、中国は〝自力更生〟によって生き延び富強化することが可能だ、ということになろう。こうした展望が、章乃器の愛国主義的な強硬姿勢を合理化する担保となった。

章乃器は一九三五年から一九三六年にかけて中国の発展のモデルとして、ソ連の道でなく「トルコの道」を歩むべきだと強調した。[62] 章乃器自身はこの「トルコの道」の内容を具体的に明示していないが、周知のように一九二三年トルコではケマル・アタチュルクにより、オスマン・トルコ帝国にかわり共和国政府が樹立され、同時に不平等条約の撤廃に成功した。ケマル・アタチュルクがソ連の支援を受けたこともあり、共産党も革命当初はその動静を期待を持って観察していた。[63] 共産党の期待はやがて消えることになるが、中国の論壇ではトルコ革命とトルコ共和国の発展については、強い関心が持たれ続けた。たとえば当時の言論界でトップレベルの影響力を持っていた『東方雑誌』でも、中国にとって最もよいモデルが「トルコの道」であると主張された。[64]

中国にとってトルコがモデルたりえたのは、一つには強固な組織と有能なリーダーに指導された政党（トルコ国民党）が、前近代的な専制国家を軍事力で打倒し、「上から」の近代化を成功裏に進めたことに起因していた。同時にトルコが対外的な主権を回復し、帝国主義国と平等な関係を樹立したことも、重視されるべきであろう。章乃器においてもおそらく「トルコの道」が意味したのは、強い政府による対外的な自立と対内的な富強化の実現であったと思われる。

同時に、章乃器の変革論の特徴を考えるうえで確認すべき点だと思われるのは、一九三〇年代の中国ではソ連の東北での振る舞いなどに起因して、反ソ感情が高まる一方で、左派系の知識人のなかでは、ソ連への期待感がなお強く存在し続けたことである。たとえばややのちになるが、一九三六年三月のソ連とモンゴル人民共和国との相互援助条約締結に対して、『大公報』などは外モンゴルは本来、中華民国の領土であり、条約締結に対してソ連に抗議するのは当然である、との論陣を張り、ソ連への期待を戒める立場を示した[65]。こうした論調に対して、救国会に結集した知識人（救国会派知識人）は、ソ連との連携の必要性を示唆したのである[66]。

確かに『大公報』などの世論形成における影響力を考えた時、救国会派知識人のなかに存在した親ソ的な論調が当時の世論の主流であったとは考え難い。しかしソ連との提携論の背景には、来るべき新中国の理想として、社会主義国家ソ連を位置づける非共産党員の立場があったことは確認しておくべきであろう。たとえば、鄒韜奮は「帝国主義の搾取は資本主義の搾取制度の存在のなかから生まれる。……社会主義では『帝国主義』という変わり者が存在する余地が全くないのである」とソ連を讃美している[67]。また、陶行知（一八九一～一九四六）[68]はソ連のスターリン憲法草案を「我々中国人民が命を賭して闘い取らなければならない、いくつかの権利」を実現したものであると高く評価し、その上でソ連の革命闘争を学ぶ必要を指摘した[69]。このように救国会派知識人のなかには、共産党グループのみならず非共産党グループのなかにもソ連を来るべき中国の理想とする人々が存在したのである。

章乃器の「トルコの道」論は、こうした救国会派の仲間の議論を暗に批判するかたちで提起されたと思われる。彼はソ連との友好関係の樹立を追求しつつも、中国にとっての民族革命の標準としてソ連を位置づけることはできないとした[70]。つまり彼が「トルコの道」を強調することで示唆したのは、中国における階級闘争および階級独裁を忌避する立場であった。

こうした筆者の見通しにそれなりの合理性があるとすれば、章乃器は科学的社会主義＝マルクス・レーニン主義とは異なる立場から、広義の社会主義者として強力な力を持つ政府によって中国の愛国的な課題を解決しようとした。彼にとっては社会主義も唯物弁証法に基づくものではなく、国家的な課題を実現するための方策として説明されたのである。

小　結

この時期の章乃器は抗日という愛国的な課題に真っ正面から取り組み、民族武装自衛運動、さらには次章で詳述する救国会運動の指導などに積極的に参加し、上述のように中国の経済発展の前提としても、愛国という課題の重要性を強調した。だが彼の愛国の内容については、少し検討を加える必要がある。

というのも、章乃器は一九二八年の済南事変に際してさえ、自らの思想を「国家主義」と区別して次のように述べていたからである[71]。

国家主義と民族主義の違いは、はっきりとしている。前者は人為的な国家の権威を用いて、本来的な民族の自由を制限し、後者は本来の民族を保って世界の大同を求めるのである。前者が示すものは、根本的な圧迫と侵略であり、後者が表現するのは反動的な圧迫からの解放と、侵略に対する抵抗のみである。

章乃器は一九三〇年代に入っても、たとえば国民政府の実施した幣制改革に対して全面的に否定するのではなく、具体的な政策提案を行い[72]、外資の導入についても一定の条件をつけたうえではあるが、「歓迎」していた[73]。また英国の対中借款の本質は中国への侵略だとしながらも、英国や国民政府を不必要に刺激しないように注意していた[74]。なによりも、一九三六年段階においても章乃器は、抗戦の目的を日本帝国主義の排除と中国の変革の実現におき、日本人への排外主義的な立場に警鐘を鳴らしたのである[75]。

章乃器は愛国を声高に叫ぶ一方で、それに対して冷静な対応もとっており、むしろ愛国を自己の政治目的を実現するための手段とみなしていた、ともいえる。このように愛国主義を相対化する立場は、当時の胡適や羅隆基にも共通して見られるものであった。たとえば序章でも触れたように一九三〇年代なかばに、「人民による」民主を重視した胡適と「人民のための」政治を実現するために、「新式の独裁」に期待を寄せた丁文江や銭端升との間で「民主と独裁」論争が闘わされた。この論争のなかで、愛国主義に搦め捕られなかったことが、胡適や羅隆基らがリベラルな立場を貫きえた一因だった。

この論争そのものは『独立評論』に拠って論壇で活躍した胡適派ともいうべきグループ内部で、主として留学経験者からなるメンバー相互で闘わされたためか、章乃器はこの論争には関わっていない。しかし思想的には丁文江らに近く自由主義を批判した章乃器が、やがて抗戦時期に入って憲政運動へ参画するようになるうえで、愛国を相対化しうる立場にたっていたことが、重要な意味を持ったと考えられる。

とはいえ本章で扱った時期の議論には、自身の原則的立場を曖昧にしてまで、過度に愛国を主張した面もあったようにみうけられる。その理由を章乃器自身が説明したことはないが、それは彼なりの政治的な戦略だったように筆者には思われる。章乃器にとって日本の侵略に対して抵抗することは当然であったが、しかし章乃器は愛国的な世論の高揚を作り出すことを通じて、自らの改革構想の実現を政府に迫ろうとしていたのではなかろうか。身に寸鉄だに帯びぬ無党派の知識人、つまり第三勢力が国政に一定の影響を与えるためには、愛国的な言論の展開を通じた世論の形成しか無い、と章乃器は考えていたように思われる。

つまり山田辰雄が指摘するように、中国の政治構造は①党組織・②軍・③民衆運動によって規定されると考えられるが[76]、第三勢力の一員としての章乃器は、当然党とも軍とも直接的な関係はなかった。それゆえに彼が自らの政治的意見を現実政治に反映させるとすれば、民衆運動を組織することが必須であった。その課題を彼は愛国主義をテコとして、社会主義政策の実施を要求することを通じて実現しようとしたのである。すなわち章乃器は国民党外において民衆運動を組織して、その世論を圧力として国民党に政策変更を求め、強力な執行権力をもつ政府により、農村と都市の上からの工業化――それが彼なりの社会主義であった――を求めたというべきであろう。

ただし彼の社会主義は、改めて指摘すれば、共産党系の論者と異なり国民党の権力基盤の掘り崩しや、国民党と政治上の指導権を争うことを課題とはしておらず、中国の強国化を目指すものであった。それゆえ正しいイデオロギーに導かれる政党国家の「独裁」に期待を寄せる心性が導かれたように思われる。つまり彼は「人民の」政治を求めたとはいえ、まずもって「人民のため」の政治を求めていたといえるのである。

附言すれば、強力な行政権力を希求する立場そのものは、たとえば当時の代表的なリベラリストであった羅隆基や施復亮にも共有されており、取り立てて珍しいものではない[77]。経済統制を含む、広義の社会主義政策への中国知識人の関心の高さも、つとに指摘されており、この点も章乃器に固有の立場ではなかった。章乃器と羅隆基らとを隔てていたのは、「万能政府」の暴走を押しとどめる制度的な保障（「人民による」政治）を構想しえたか否かという点であった。章乃器には民主的な制度への関心が極めて弱かったのである。

それは一九三二年に国難会議が開かれ、憲政問題が論壇のテーマとなり、他の第三勢力、たとえば王造時や羅隆基らが民主化運動を展開することで、民衆運動の組織を目指したこととは大きく異なっていた。この点に章乃器の思想的立場の特殊性が示されている。当時の章乃器は、愛国主義的で反自由主義者的な社会主義者として振る舞ったのである。

註

（1）従来批判されてきた国民党なりの抗日論を再評価した最初の研究としては、今井駿『中国革命と対日抗戦——抗日民族統一戦線史研究序説』汲古書院、一九九七年にまとめられた今井の一連の論文がある。近年の研究としては岩谷將「一九三〇年代半ばにおける中国の国内情勢判断と対日戦略——蒋介石の認識を中心として」『戦史研究年報』一三号、二〇一〇年がある。

（2）以下の本書における章乃器の経歴については、序章註（4）の三冊の伝記に拠る。

（3）王勇「章乃器三兄弟殊途同帰為救国」『文史春秋』二〇〇一年三期。

（4）章乃器「我与青年」前掲『出獄前後』（『宇宙風』一九三七年一〇月一六日）四一二頁〔下・三六七頁〕。

（5）章乃器「反共勢力的自殺——同時還要替共産党造勢力」『新評論』二期、一九二七年一二月三〇日。なおこの雑誌創刊号の題字は胡適による。

（6）章乃器「党国的新命脈」『新評論』四期、一九二八年一月三〇日。

（7）蟻社については、http://baike.baidu.com/view/287488.htm（二〇一一年九月四日閲覧）を参照のこと。

（8）以上、上海市檔案館館蔵檔案（以下、上檔と略称）全宗号Q二七〇、目録号一、案巻号三六八（以下、Q二七〇—一—三六八のように略称する）「浙江省第一商業銀行副経理章乃器担任〝上海市商会復興工商業委員会〟委員及有関文件」。

（9）同右。

（10）章乃器「我的研究動機和研究経歴」同『激流集』上海：生活書店、一九三六年、三七二頁〔下・一九二頁〕。

（11）この言葉は章乃器が「新評論」創刊に際して協力を求めるため、胡適に送った手紙のなかに記されている（章乃器「致胡適」中国社会科学院近代史研究所中華民国史研究室編『胡適来往書信選』上巻、香港：中華書局香港分局、一九八三年、四四七頁）。

（12）Parks M. Coble, “Chiang Kai-shek and the Anti-Japanese Movement in China”, *Journal of Asian Studies*, Vol. 44-2, April, 1985, p. 304.

（13）ちなみに光華大学は、一九二五年の五・三〇運動に際して、教育における主権回復を求めてセントジョーンズ大学を辞した人々によって組織され、一九三〇年代には羅隆基や王造時など、米国留学帰りの清華大学出身者らをスタッフに招き、中国の知識界に影響力を及ぼしていた。

(14) 孫大権『中国経済学的成長——中国経済学社研究(一九二三〜一九五三)』上海：上海三聯書店、二〇〇六年、六二頁。

(15) G・バラクラフ、松村赳ほか訳『歴史学の現在』岩波書店、一九八五年、二七頁。

(16) 山田辰雄編『近代中国人名辞典』霞山会、一九九五年、一一三二頁。なおこの部分は平野正が執筆している。

(17) 近年の日本ではこの論争に対する関心は著しく低い。中国でも相対的に関心は低くなっているが、本章では主として次の業績を参照した。温楽群・黄冬娅『二三十年代中国社会性質和社会史論戦』南昌：百花洲文芸出版社、二〇〇四年、阿栄「中国社会性質問題論戦的来龍去脈」『前沿』二〇〇五年三期、盧毅「論二〇世紀二三十年代的中国社会性質問題論戦」『徐州師範大学学報(哲学社会科学版)』二〇〇八年四期など。

(18) 日本の思想界の影響としては、たとえば胡秋原に対する河上肇や山川均の影響を齊藤哲郎が指摘している(『中国革命と知識人』研文出版、一九九八年、一六〇頁)。また河上肇と中国については三田剛史『甦る河上肇——近代中国の知の源泉』藤原書店、二〇〇三年を参照のこと。社会史論戦と日本の関係については、古くは Benjamin Schwartz, "A Marxist Controversy on China" *Far Eastern Quarterly*, 13-2, 1954がある。

(19) なおアジア的生産様式論争については、福本勝清の「アジア的生産様式論争史——戦前日本篇」『明治大学教養論集』三五一号、二〇〇二年などの一連の研究および石井知章「K・A・ウィットフォーゲルの中国革命論——「アジア的復古」と労働同盟の崩壊をめぐり」同前、四五八号、二〇一〇年などがある。

(20) 何幹之『中国社会性質問題論戦』上海：生活書店、一九三九年、二頁。

(21) 同右、一頁。

(22) 温ほか、前掲『二三十年代中国社会性質和社会史論戦』。

(23) 章乃器「中国経済的過去与今後」『新中華』二巻一期、一九三四年一月一〇日、七五頁〔上・一〇八頁〕。

(24) 章乃器「改進中国経済問題――向経済学社年会提出的一篇論文」『大晩報』一九三三年九月一五、一六、二〇日〔上・一〇一頁〕。

(25) 章乃器「経済論争中的両条戦線」『中山文化教育館季刊』三巻二号、一九三六年四月、四九九頁〔上・二四七頁〕。なお章乃器『中国貨幣金融問題』生活書店、一九三六年一一月およびそれを底本としたと思われる章、前掲『章乃器文集』では、本論文の執筆時期は一九三五年二月一五日とされているが、本書では初出雑誌に従うことにする。

(26) 顧翊群の経歴については、http://www.ndcnc.gov.cn（二〇一〇年九月一〇日閲覧）に拠る。孫、前掲『中国経済学的成長』二六八～二七一頁も参照のこと。

(27) 章乃器「改造中国経済的正路与岐路」『新中華』三巻一三期、一九三五年七月一〇日、三一頁〔上・一七六頁〕。

(28) 章、前掲「経済論争中的両条戦線」〔上・二四二～二四三頁〕。

(29) 章、前掲「中国経済的過去与今後」〔上・一〇八頁〕。

(30) 章乃器「崩壊中的中国社会経済」『生活』八巻四〇期、一九三三年一〇月七日、八〇四頁〔上・一〇四頁〕。

(31) 同右〔上・一〇四～一〇六頁〕。

(32) 章乃器「当前的災荒問題」原載：『社会経済月報』一九三五年九月〔上・二〇〇頁〕。

(33) 章、前掲「当前的災荒問題」〔上・一九九頁〕。

(34) 章、前掲「中国経済的過去与今後」〔上・一〇九頁〕。

(35) この点については、章乃器「由農村恐慌説到都市恐慌」『申報月刊』一九三四年三巻四期、一九三四年四月一五日〔上・一三三～一三七頁〕や同「対於土地村公有制之意見」（原載：『社会経済月報』一九三五年一〇月）〔上・二二二～二二三頁〕や章、前掲『中国貨幣金融問題』に所収された諸論文を参照のこと。

(36) 章、前掲「改造中国経済的正路与岐路」〔上・一八一頁〕。
(37) 同右〔上・一八二頁〕。
(38) 章、前掲「改進中国経済問題」〔上・一〇三頁〕。
(39) 章、前掲「中国経済的過去与今後」〔上・一一二頁〕。
(40) 「中国共産党中央委員会為目前時局告同志書」『紅旗周報』一七期、一九三二年一二月一七日、五頁。
(41) 帝国主義を過大に批判する中共の言論を胡適が一貫して批判したことについては、温ほか、前掲『二三十年代中国社会性質和社会史論戦』の付録「二三十年代社会性質論戦大事記」に示唆を受けている。また胡適と同様な文化的な視点は「抗日七君子」の一人・王造時にも見られる（水羽、前掲「一九三〇年代中国における政治変動と政治学者」二七〇～二七三頁など）。
(42) 章乃器「『科学的内工拳』初版自序」（一九二八年）〔下・三三一頁〕。
(43) 章乃器「『科学的内工拳』再版自序」（一九三五年）〔下・三四頁〕。
(44) 徹底した全面的西洋化論者である陳序経については、趙立彬『民族立場与現代追求――二〇世紀二〇～四〇年代的全盤西化思潮』北京：生活・読書・新知・三聯書店、二〇〇五年がある。
(45) 章、前掲「崩壊中的中国経済社会」〔上・一〇六頁〕。
(46) 水羽信男「抗日戦争と中国の民主主義――章乃器の民衆動員論を素材として」『歴史評論』五六九号、一九九七年。
(47) 水羽信男「抗日民衆運動の展開とその思想」池田誠編『抗日戦争と中国民衆――中国ナショナリズムと民主主義』法律文化社、一九八七年。ここで示した筆者の議論については、共産党の指導を無視するものだとの批判がかつて平野から出されたが、筆者は自身の見解を変更する必要は感じていない。因みに筆者の反批判（「中国革命の知識人――平野正氏の研究を手がかりとして」『広島東洋史学報』三号、一九九八年）について、平野からの明示的な反論はいまのところない。

(48) この点については「九一八事変後の北平における抗日論調――『世界日報』の「社評」と「読者論壇」から」『歴史評論』六九六号、二〇〇八年四月、「民主政治か個人独裁か――九一八後、国民党四期三中全会をめぐる輿論の変化」『中国研究月報』六五巻六号、二〇一一年六月など齋藤俊博の一連の研究がある。

(49) 章乃器『国民党的当面問題――党的組織和党的紀律』新評論社、一九二七年九月。

(50) 初期には胡適も参加した中国民権保障同盟から上海反戦大会に至る過程は、陳漱渝『中国民権保障同盟』北京：北京出版社、一九八五年を参照のこと。

(51) 邵雍「中国民族武装自衛委員会述略」『党史研究与教学』二〇〇八年三期。本論文はモスクワ公文書館の史料も活用して、この運動が駐コミンテルン中共代表部の指導のもとで始まったことを明らかにするなど、貴重な成果をあげている。しかし、この運動が同時の抗日運動に果たした成果と課題そのものについては、水羽、前掲「抗日民衆運動の展開とその思想」での見解を修正する必要は感じていない。なお、本書における「中国人民が日本と戦うための基本綱領」および「日本と戦うための宣言」は、日本国際問題研究所中国部会編『中国共産党史資料集』七巻、勁草書房、一九七三年に所収されたものを使用した。

(52) 章乃器「我和救国会」周天度編『救国会』北京：中国社会科学出版社、一九八一年、四四四〜四四五頁。

(53) 邵、前掲「中国民族武装自衛委員会述略」。

(54) 章、前掲「改造中国経済的正路与岐路」〔上・一八四頁〕。

(55) 章、前掲「中国経済的過去与今後」〔上・一一五頁〕。

(56) 水羽、前掲「一九三〇年代中国における政治変動と政治学者」二七五頁。

(57) 章清『〝胡適派学人群〟与現代中国自由主義』上海：上海古籍出版社、二〇〇四年。

(58) 章、前掲「改進中国経済問題」〔上・一〇二頁〕。

(59) 章乃器「国民経済建設的先決条件」原載：『生活知識』一九三五年一二月五日〔上・二三八頁〕。

(60) 章、前掲「経済論争中的両条戦線」〔上・二五〇頁〕。

(61) 章、前掲「改造中国経済的正路与岐路」〔上・一八五頁〕。

(62) 章、前掲「経済論争中的両条戦線」〔上・二五〇頁〕。

(63) 黄志高「一九二一〜一九二五年中国共産党対凱末爾革命的観察与反応」『北京科技大学学報（社会科学版）』二六巻二期、二〇一〇年六月。

(64) 柳克述「東方国家恢復国権之先列」『東方雑誌』二五巻六期、一九二八年三月、肖憲「二〇世紀前半期的中東民族主義運動与中国」『西北大学学報（哲学社会科学版）』一九九八年一期。なお『東方雑誌』の言論界における位置づけについては、洪九来『寛容与理性――『東方雑誌』的公共輿論研究（一九〇四〜一九三二）』上海：上海人民出版社、二〇〇六年がある。

(65) 「対蘇再度抗議後之探討」（社論）『大公報』（天津）一九三六年四月一四日。

(66) 「蘇蒙互助協定及其反響」『永生』一巻七期、一九三六年四月一八日。その後、後述する全救聯の「抗日救国初歩政治綱領」では「欧米諸国と連絡をとり、ソ連および弱小民族と連合する」ことが主張されるに至る（『救亡情報』第六期、一九三六年六月一四日）。なお救国会派には銭俊瑞（一九〇八〜一九八五）や金仲華（一九〇七〜一九八九）ら中国共産党の地下党員、宋慶齢ら国民党左派グループ、ソ連邦＝社会主義に期待を寄せるようになる鄒韜奮や陶行知など親共産党系の知識人から、新月人権派の一員でもあったリベラリスト王造時まで、広泛な人々が参加していたが、のちに指摘するように彼らは思想的に分化してゆくことになる。なお以下の叙述については、水羽信男「『救国会派知識人』の抗日国際統一戦線論に関する覚書」『広島大学東洋史研究室報告』一二号、一九九〇年も参照のこと。

(67) 鄒韜奮「事実的表現」『大衆生活』一巻一五期、一九三六年二月二二日。

(68) 陶行知は安徽省の出身。金陵大学を経て米国へ留学し、デューイの指導を受ける。一九一七年の帰国後は南京の東南大学などで教鞭を執った後、中華平民教育促進会を拠点に民衆教育の実践に従事する。次第に国民党への批判を強め、救国会運動の指導者のひとりとなるが、七君子事件の際は海外にいたため逮捕は免れた。その後、民主同盟の指導者の一人となり、国民党批判を継続したが、一九四六年に脳溢血のため逝去。陶行知については周毅・向明『陶行知伝』成都：四川教育出版社、二〇一〇年などがある。

(69) 陶行知「蘇聯憲法草案中之公民権」『生活教育』三巻一〇期、一九三六年七月一六日、四〇二頁。

(70) 章乃器「民族解放闘争中的幾個最低要求」『永生』一巻八期、一九三六年四月二五日、一七九〜一八〇頁（下・二一六頁）。

(71) 章乃器「非〝国家主義的愛国思想〟」『新評論』一六期、一九二八年七月三〇日（下・二七頁）。なお鄧ほか『章乃器伝』は、済南事変を機に章乃器が日本への批判を強め、その侵略に対抗できない国民党への批判を強めたとしている（四六頁）。鄧らがその根拠としてあげたのは、「向日本帝国主義者——不是日本民族——宣戦」『新評論』一一期、一九二八年五月一五日、「国民党的生死関頭」同前、一二期、一九二八年五月三一日、「革命的理論和革命的行動」同前二巻二号、一九二九年一月である。たしかにこれらのエッセーには国民党への批判的な言辞にあふれているが、もともと『新評論』には国民党左派の『革命評論』の広告が掲載され、『新評論』一六期には「対於五中全会的要求」が掲載されるなど、筆者は章乃器は国民党を批判しながらも、国民党に対する期待は持ち続けていると理解している。こうした姿勢については、第二章で改めて論じる。

(72) 章乃器「幣制改革後金融政策之重估」『東方雑誌』三三巻一期、一九三六年一月一日、五〇頁（上・三八三頁）。なお本論文は張酒契とのペンネームで執筆されている。

(73) 章、前掲「改造中国経済的正路与岐路」（上・一八五頁）。

(74) 章乃器「英国対華借款的観察」『生活星期刊』一巻二一期、一九三六年一〇月二五日。

(75) 章乃器「為和平而戦！為民族解放而戦！」『生活星期刊』一巻二五期、一九三六年一一月二二日、二四七頁。

(76) 山田辰雄『中国国民党左派の研究』慶應通信、一九八〇年。

(77) 水羽、前掲『中国近代のリベラリズム』。なお施復亮については、リベラリストというよりも、社会民主主義者――広義の社会主義者ととらえるべきだとの見解もある。施復亮の思想的な位置づけについては、今後さらなる検討を加えることが必要であろうが、筆者は社会民主主義者であるラスキをLiberalとみなす見解を援用している（小笠原欣幸『ハロルド・ラスキ――政治に挑んだ政治学者』勁草書房、一九八七年などを参照のこと）。

第二章　救国会運動と章乃器

問題の所在

本章では一九三六年の救国会運動の開始から、抗日戦争が始まり章乃器が安徽省での民衆動員の実践を経て、重慶に移動する一九三九年までを分析の対象とする。救国会運動とは一九三五年の日本の華北分離工作の深化に対応する形で、同年末の北京の学生たちが発動した反日運動（「一二・九」運動）を契機に開始され、一九三六年五月末の全救聯の結成によって、さらなる発展を遂げた救国会派知識人による運動である（表1参照）。

そのなかでも章乃器は救国会の「抗日救国のための初歩政治綱領」（以下、「初歩政治綱領」）など重要文書を執筆し(1)、彼らに当時課せられた課題――一九三五年以降の国内・国外の政治情勢の変化を的確につかみ、それまでの民族武装自衛運動が生み出すことのできなかった具体的な抗日のための政治方針、および組織方針を創出すること――に真っ正面から取り組んだ。救国会運動は一九三六年、国共両党が合作に踏み切るうえで重要な役割を果たし、それは当時の政治情勢をリードしたといえる。本章ではまず章乃器を取り上げ、救国会運動における愛国と民主の特徴について考察を加える。

次いで、抗戦の開始は中国の政治状況を大きく変えたが、本章ではその変化についてより深く理解する

表1　救国会運動の展開

年月日	団体名
1935.12.13	上海各大学学生救国聯合会
21	上海婦女界救国聯合会
〃	上海中学学生救国聯合会
27	上海文化界救国会
1936. 1 . 2	上海小学校教職員救国聯合会
8	上海各大学教授救国会
27	北平文化界救国会
28	上海各界救国聯合会
2 . 2	上海電影界救国会
9	上海職業界救国会
23	国難教育社
4 .28	上海美亜織綢廠工人救国会
5 .23	広西文化界救国会
24	南寧婦女救国会
26	広西全省学生救国会
27	上海学生救国聯合会
30	中国学生救国聯合会
31	全国各界救国聯合会

注）波多野乾一『資料集成中国共産党史』6巻時事通信社、1961年、『救亡情報』、『生活教育』等を参照した。なお、「救亡情報」5期〔1936年6月7日〕は、武漢婦女救国会の成立と杭州婦女救国会結成の準備がおこなわれていることを伝えている。

ため、章乃器の戦時動員論に着目する。それは戦時動員の「整備は国民国家の成立と展開にとって切り離し不可能な条件であり、その内在的契機の一つ」だという議論を、筆者なりに敷衍した結果である[2]。こうした方法的視座から、本章では章乃器が抗戦＝愛国を通じてどのように中国社会を再編しようとしたのかについて、中国の民主的変革の可能性を展望するという視点から言及する。その際、筆者は章乃器の思想におけるリベラリズムの問題にも注目する。

第一節　救国会運動の展開過程

運動の課題と章乃器

章乃器らが進める救国会運動が克服すべき課題は、具体的にいえば国民政府・国民党がジャーナリズムを統制し、国民から一定の支持を得ているという状況のもとで、全民族の抗日を真に目指すのならば、ただちに民衆を国民党の一党独裁支配体制を打倒するために組織してゆくべきなのか、それとも、国民政府・国民党の抗日闘争における役割を認め、「安内攘外」政策転換を求める活動に全力を集中すべきなのか、という問題に答えることであった。

そして第三勢力にとって現実的な選択が後者であるならば、抗日民衆運動の指導者たちは、どうすれば「安内攘外」政策の転換を勝ちとることが可能であるのか、について明確な展望を示さなければならなかった。それは一九三五年の華北分離工作以後、喫緊の課題となった。

また民族武装自衛運動には組織的な活動の弱さがあったが、それは章乃器に示されるように、運動の担い手のなかに、商工業者の抗日性を低く評価する傾向があったことにも関連しているように思われる。というのも、商工業者の諸団体は「九・一八」、「一・二八」に即応して抗日要求を掲げ、一九三二年五月以降は「廃止内戦大同盟」の組織化を行っていたのであり、民族武装自衛運動の指導者の対応の仕方によっては、彼らの一部とともに運動を展開してゆくことは可能であり、そのことを通じても反日組織を強化しうる条件を持っていたからである。(3) こうした課題に章乃器は、救国会運動の指導者のひとりとして、どのような解答を提示したのだろうか。

章乃器は一九三六年段階で国民政府・国民党の「安内攘外」政策に徹底した批判を加えている。彼は国民政府・国民党の対日妥協、内戦の継続、民衆運動の抑圧、抗日における欧米帝国主義に対する過度の期待、現実に行われている経済建設などを厳しく批判し、「安内攘外」政策は売国政策であると論断したのである。[4] 章乃器に代表されるような厳しい批判は、「安内攘外」政策の現実を的確に認識したものであった。しかし、救国会運動の内部には、地主、商工業者、さらには国民党の影響を強く受けた都市中間層をも統一戦線から排除し、ひいては、国民政府・国民党の抗日における役割を無視しかねないような主張をなすものもいた。[5] 当時の情勢からいえば、統一戦線の幅をせばめることは大きな誤りであった。なぜなら、前述のように全民族的な統一戦線を形成しうる国内条件も、客観的には形成されつつあったといえるからである。

したがって、救国会派知識人は、劉少奇をも含めた公開的な討論のなかで、[6] 自らの内部に存在したセクト主義的傾向を一定程度克服し、「一二・九」運動以降の運動の総括として章乃器が執筆したといわれる全救聯の「成立大会宣言」(一九三六年五月三一日)において「経済力量と武装力量の面で、中央〔国民政府・国民党中央〕が高度な優位を占めていること、同時に、政治上において中央が最も重要な責任を負っていることを承認する」と強調し、国民政府・国民党をもトータルに含んだ全国規模の全民族の抗戦に依らなければ、抗日戦争に勝利できないとの認識を明示した。

さらに、国内情勢の変化を敏感にとらえて、国民政府・国民党を含んだ抗日統一戦線を形成することのできる――すなわち、「安内攘外」政策を転換させることのできる――可能性を見い出した。すなわち、章乃器が起草したといわれる全救聯の「初歩政治綱領」で、国民政府・国民党の対日政策の変化をそれなりに評価して、「現在に至り、一切の〔対日問題に関する〕異なった意見も『反日戦争は回避することはできない』という原則のもとに統一されてきた」と指摘しているのである[7]。

そして章乃器は今日の情勢は「中国の資本家を二つのはっきり異なった戦線──奴隷戦線と国民戦線に分けた」と述べ[8]、それまでの商工業者に対する極めて低い評価を情勢の変化に対応して改めた。さらに全救聯の「成立大会宣言」は、「わりと開明的な多くの政治上の重要人物はみな、内戦に没頭しても、敵の了解を得ることできず、内戦に没頭して国力を消耗したのちは、かえって敵の気炎を煽るだけだと認識している」と主張したのである[9]。つまり、章乃器の議論がリードして全救聯は「安内攘外」政策を徹底して批判しつつも、国民政府・国民党を含んだ統一戦線を提案し、この全民族的な統一戦線を形成しうる可能性として、国民政府・国民党の対日姿勢の変化だけでなく、「安内攘外」政策の遂行にともなって生じた矛盾──国民政府・国民党内における〃一致抗日〃勢力の出現、および日本帝国主義と中国の商工業者との対立の激化──を指摘するようになったのである。

さらに運動の基本方針としての「初歩政治綱領」では、「五五憲法草案」に反対して国民党の一党専制を否定し、自らの抗日政策を徹底して遂行する抗日政府として、各政治勢力の結集した民主的な統一戦線政府の樹立の必要性を説いた。同時に、労働条件の改善、中国人自身の工業の発展の保障、中・貧農の生活条件の向上、抗日地主の生活の保障などの必要性を説き、経済的な民主化を実現することで全民族の政治的結集を勝ち取り、抗戦のエネルギーを引き出そうとした。対外問題については「初歩政治綱領」は抗戦の最も頼りになる同盟者として明確にソ連を位置づけ、英米等の帝国主義国に対しては、過度の期待を戒めつつ、従来より高い評価を与えた。

こうした抗日方針は、民族武装自衛運動、「一二・九」運動で示された抗日方針と比べた時、明確に抗日闘争のなかに国民政府・国民党を位置づけ、国共両党を含んだ統一戦線政府を抗戦の主体として、その樹立を追求した点で特徴的であった。それだけでなく、各階級・階層を抗日のために組織することを目指し、そのための最低綱領を具体的に提案できたことも運動の水準の高さを示していた。こうして救国会運動は、自らの抗日方針のもとに世論を一定の範囲で組織することに成功した。それは、当時の広汎な民衆の愛国心を基盤としていたといえよう。

ところで、このような抗日方針の背景にあった政治的立場とは、どのようなものであったのだろうか。先にも触れたように章乃器ら救国会派知識人は、「安内攘外」政策の遂行に徹底して批判的な立場を示していた。さらに、抗日方針のうえでも、人脈のうえでも、全救聯へ直接的に結びついていった民族武装自衛運動に結集した宋慶齢、何香凝らは、国民革命の共同綱領であった孫文の新三民主義を奉じており、彼女らとともに活動した章乃器も、国民革命のコースを「中国の活路」の基本としていたように思われる。[10]ここでいう国民革命のコースとは国共合作を前提とした、広範な民族の統一戦線による「反帝国主義反封建主義」の革命が想定されていたと思われ、章乃器は全救聯の「初歩政治綱領」で中国革命が一九二七年の国共分裂によって「失敗した」と見なした。[11]

この点において救国会派知識人の政治的立場は、蔣介石の立場――中国の変革運動における国民党のへゲモニーへの固執と、欧米帝国主義に対する依存を基本的特徴とする立場とは、質的に異なるものであったといえよう。ちなみに、彼らは正規軍による持久戦を想定した蔣介石と異なり、民衆に依拠した遊撃戦を基礎とする持久戦を重視しており、そこには、労働者・農民の武装を承認する姿勢がうかがえる[12]。

運動の発展と章乃器

日本の中国侵略が継続・深化する一方で、一九三六年六月に陳済棠、李宗仁ら国民党内の両広派は「北上抗日」を掲げて、蔣介石に対する軍事行動をおこした（両広事変）[13]。その本質は過去数度にわたる反蔣戦争と異ならなかったと評せざるを得ないが、両広派が民衆の愛国心の高揚という当時の時流を利用して、自らの軍事行動を合理化し、世論の支持を得ようとした点に、この事変のもつ政治的意味があった。つまり、両広派が「北上抗日」等のスローガンを掲げたことは、民衆の愛国心の圧力のもとで、一定の条件が整えば、彼らが国民政府・国民党内において「安内攘外」政策の継続を困難にさせる可能性を示すものであった。

救国会派知識人は、両広派を統一戦線に参加させる努力を行い、李宗仁らに徹底して抗日的で民主的な立場に立つよう要求し、そのことを通じて、両広派が「安内攘外」政策の遂行を困難にさせる力量となることを期待した。他方、国民政府・国民党は当時の内戦停止・一致抗日を求める世論の高まりに対応して、〝統一救国〟を主張しはじめた[14]。

章乃器は両広派の抗日活動を「人民の公意」を代表するものと述べ、その上で両広派への武力討伐さえ肯定した胡適の『大公報』掲載のエッセーを日本の中国侵略に与するものと断罪して厳しく批判し、抗日統一戦線の形成の必要性を改めて強調した。[15]

胡適への批判は胡の盟友だった羅隆基からも行われ、[16] 中国政治は抗日を基軸として大きく変化してゆく。七月の国民党五期二中全会は、両広事変の解決と対日方針の決定という課題を負ったもので、「安内攘外」政策の継続を表明したが、日本が「満州国」の承認を強要するようなことがあれば抗戦を開始するなどと、国民党中央の抗日姿勢を今まで以上に明瞭にした。また両広派をとりこみ、民衆に国民党中央なりの抗日姿勢をアピールするためではあったが、国防会議の設置を決定した。[17] さらに「最高当局は全救聯が合法団体であることを承認し」たと、全救聯が評価するような対応も示した。[18]

二中全会に対して章乃器ら四人は救国会を事実上代表して「団結禦侮の基本条件と最低要求」（以下、「最低要求」と略称、七月一五日）を発表し、国民政府が塘沽停戦協定を公表したことなどは、政府が「屈辱に到底甘んじないことを示している」と述べるとともに、二中全会における抗戦発動の条件についても原則的に承認した。[19] こうした蔣介石の対日姿勢に対する肯定的な評価は、「安内攘外」政策の継続に対する徹底した批判的立場と矛盾するものではなく、救国会派知識人の内戦停止・一致抗日の実現という課題から見て、また自己の運動を防衛し拡大するためにも、必要であったといえる。つまり、彼らは蔣介石のあれこれの政策について、自らの政治的な立場から見て批判すべき点は批判しつつ、統一の観点から見て評価すべき点は評価していたといえよう。また、彼らは国民党が二中全会で示した国防会議に替わる次のような構想を提示し、民主的な抗日政府の樹立を求めた。[20]

一、ただちに全国の各実力派、全国の民衆の代表、華僑の代表、東北義勇軍の領袖……を召集し、真正なる国防会議を開催し、あわせてただちに対日宣戦を命ぜよ。

二、明確な抗×救国の方針、たとえば……民衆の抗日救亡運動を開放する、政治犯を釈放して抗×するなどを決定せよ。[21]

（中略）

四、国防会議は将来全国最高の権力機関となるために、どんな党派にも限定されず、またどんな勢力の支配も受けない。それはただ全国の民衆自身を代表し、その意志を執行して、全国の民衆が擁護する機関となる。

なお、日本の実施した冀東密輸問題に関しては、密輸反対闘争を展開していた商工業者との統一の方向を摸索し、上海職業界救国会は七月に、上海市第一特区市民聯合会が組織した上海各界緝私協会への参加を決定している。[22]

ところでこの時期は、先にも述べたように国民政府・国民党も次第に対外・対内政治における姿勢を変化させ、蔣介石自身も九月には対日問題に勢力を集中する姿勢を示し、[23]今まで以上の抗日姿勢および抗日勢力との統一を認めるような対応を示しはじめた。一方共産党は、八月に「最低要求」に対して積極的に対応する毛沢東の返書を公にし、同月の「中国国民党に宛てた書簡」では蔣介石を含む国民党との統一の必要を強く主張し、ソビエト政権の解消さえも提案するようになった。ここから、蔣介石と内戦停止・一致抗日を求める勢力との間に、抗日という当面の最大の課題に対する共通点——愛国を最大の根拠とする統一の追求――が生まれたことを見てとれよう[24]。

しかし、その統一のヘゲモニーを誰がどのような政治的方向で握るのかという問題についての見解の懸隔はなお大きく、蔣介石は内戦政策を継続し、救国運動を統制しようとした。二中全会で示されたように、「安内攘外」政策の本質的な部分には何ら変更を加えなかったのである。

救国会は九月の「九・一八」事変五周年記念行動、同月以降の綏遠抗戦の支援、一〇月の魯迅追悼、一一月の孫中山誕生記念、上海・青島の在華紡ストライキ（一一月～一二月）の支援など、相継いで運動を展開した。彼らはこれらの活動を通じて政府に要求を出すとともに、商工業者、都市中間層、労働者との連携を深めていこうとした。同時に、彼らは国民政府・国民党との無用な対立を避けるという姿勢をはっきりと示すようになった[25]。

彼らが国民政府・国民党との無用な対立を回避するにいたった要因として、さしあたり次の三点が指摘できよう。①前述のように蔣介石の対日姿勢が明確になり、国民政府・国民党内の抗日的で民主的な勢力が政治的に活性化したことが、救国会派知識人の運動に展望を与えたこと。②九月以降、国民政府・国民党の弾圧・懐柔が強められたこと。③救国会派知識人が、局部抗戦を全面抗戦へと拡大することによって、統一戦線を形成するという運動を飛躍的に発展させうる戦術を広く受け入れるようになったこと[26]。なお、先に触れた国共交渉が一定の進展を見せたことも、第四の要因として指摘しうるだろう。これらの要因に基づき、救国会派知識人は国民政府・国民党への批判を弱めていったが、先に「初歩政治綱領」などで示した自らの抗日政策の基本を見失わなかった。彼らは、あくまでも先進資本主義国に従属しない、「人民のための」政治的・経済的な政策の遂行を抗戦勝利の必要条件としていたのである。

また彼らにとって抗戦を行う理由が単に日本の侵略を排除することだけではなく、少なくとも平和で独立した民主的な中国の建設を準備することであったことは注目に値する。たとえば章乃器は、綏遠抗戦が発動された一一月に、「我々の中心論点は、けっして戦争の〔開始が〕早いか遅いかの問題ではなく、……我々はなぜ戦う必要があるのか〔という問題である〕」と指摘し、その上で誤った見解として、①民族の仇恨を晴らすために戦争を行う、②英雄主義者が個人的な利益のために戦争を行う、③党派が権力を保持するために戦争を行う、という三つの考え方をあげた。

これらの考え方に対して章乃器は、①の立場に立てば、「日本国内の大多数の平和を愛する大衆を日本のファッショ的軍閥の隊列へ追い込んでしまう」し、②・③の立場に立てば、大衆の利益が個人や党派によって犠牲にされてしまう、と批判した。そして「ただ平和のため、民族のために戦ってこそ、我々の戦争は意味をもつ」と述べ、さらに平和のために戦うのならば、日本の被圧迫大衆をはじめとする「全世界の平和を愛好する大衆と連合する必要がある」。すなわち全世界の平和を愛好するすべての国家と連合する必要があり、民族の解放のために戦うのであれば、「必ず国内の大衆の解放を求めなければならない」と主張した。[27] ここでいう「大衆の解放」が、「初歩政治綱領」で示された労農政策——労働者の最低賃金、最長労働時間の規定や「耕者有其田」の実施など——の実現を意味していたことは間違いない。

このように、章乃器をはじめとする救国会派知識人は抗戦にいかにして勝利するのかという問題を、なんのために勝利するのかという問題と、密接に結びつけて考え、人々の支持を拡大しつつあった。一方、蔣介石は民主の実現を目指して民衆の愛国心を組織しつつあった救国会運動を弱体化し、綏遠抗戦などを通じて激化しつつあった民衆の愛国の情を統制して、自己の政治基盤を強化しようとした。こうして両者の矛盾が深まるなか、国民党・国民政府は日本の要請を受け、一一月下旬に章乃器ら全救聯の指導的幹部七名の逮捕を強行した[28]。

しかしながら、国民政府・国民党内部にも形成され、拡大してゆく内戦停止・一致抗日のうねりを統制するためには、弾圧や単なる個別の抗日活動の組織化では不可能な状況になっていった。こうした矛盾の焦点に西安事変が起こったといえる。この事変は最終的には国共合作を事実上成立させる契機となり、以後、国共両党の秘密裏の交渉が進み、一九三七年の春のはじめには事実上の国共合作が成立した。

ただし西安事変を画期とした第二次国共合作・抗日統一戦線の形成は、蔣介石の論理からいえば、けっして「安内攘外」政策を導いた政治方針――蔣介石の独裁のもとでの愛国の実現という根本的な方針の変更ではなく、日本の侵略の強化と国民党内における抗日派の台頭という新たな情勢に対応した政策変更に過ぎなかった。この点を軽視して、あたかも民衆運動や共産党に押されて、やむをえず蔣介石が「安内攘外」政策を変更せざるをえなかったと理解することは、問題の所在で指摘したように、蔣らの主体性とその政治力を過小に評価するものとなろう。

第二節　章乃器の民衆動員論の構造

抗戦の開始と章乃器

日本と中国との全面戦争は周知のように、ともに宣戦布告することなく、なし崩し的に拡大していった。一九三七年七月の盧溝橋事件以後、日本は一気に華北を侵攻し、八月には上海へ戦火を拡大していった。それに対して蔣介石は、対日抗戦のための総動員令を発し、抗戦の意思を表明した。だが華北の軍事指導者の日本に対する不抵抗も見られ、保甲制を通じた「土豪劣紳」の農民収奪も存続していた。それゆえに一部の農民が地主の支配からの「解放者」として日本軍を迎えたという、笑えない事実もあった。[29]

こうした現実に対して章乃器は、日中全面戦争の開始直後に上海の有力新聞『申報』で、前述のように政府に対する提案を主として批判を減らそうと主張した。[30] この章の主張を毛沢東は上海陥落後、「小ブルジョワ急進分子」の「政治的投降の動き」、「救国活動における迎合的傾向」として批判したという。[31] また章乃器自身も一九五七年の反右派闘争での批判のなか、自らの主張を「統一戦線の下での独立自主」の立場を見失った「投降主義」だったと自己批判したといわれている。[32]

しかしながら当時の情勢を踏まえれば彼の言論にはそれなりの整合性があった。国民党との統一に全力を挙げていた当時の共産党およびコミンテルンの統一戦線論の一般的な理論水準からいっても、彼が「投降主義」の誤りを犯したと筆者は考えていない。この『申報』掲載の評論こそ、「はじめに」で紹介した施復亮らとの論争の一因であったたし、反右派闘争だけでなくプロレタリア文化大革命（一九六六〜一九七六年）では彼の罪の一つとされた。しかし彼の立場からすれば当然の発言であった。

だが章乃器の政治論は現実政治への影響力を大きく減じてゆく。というのも国民政府を含めて抗日戦争が戦われるという状況のなかでは、国民党が民衆の愛国運動の組織者となったからである。彼が従来の方法で政治的な影響力を得ることは、著しく困難になったのである。こうした状況の変化も関係したのか、章乃器は日中全面戦争初期には李宗仁の招きに応じ、安徽省の財政庁長に任じ戦時動員の実際に従事し、彼の民衆動員論はこの時期に基本的に形成された(33)。

中国社会認識と民衆動員の基本原則

日中戦争の最初の激戦地が上海となった。一般にはこの戦争の開始によって、民衆の愛国心が激高したと思われがちだが、救国会運動の中心地である上海においてさえ、兪鴻鈞市長が「皆は救国ではなく、ただ自己の団体の救出のみを必要としているようだ」と嘆くようなありさまだった(34)。救国会の共産党党団責任者、銭俊瑞も、一九三七年末に政府系の救亡団体だけでなく、左派系の救亡団体のセクト主義的対応のため、全面抗戦開始当初の上海で十分な民衆動員ができなかったと総括している(35)。

一九三六年一〇月に『国防総動員』(読書生活出版社)を刊行し、二〇世紀の戦争が総力戦とならざるをえないと認識していた章乃器は、こうした状況に対応して中央政府へ権力を集中する必要性を強調した。問題の所在でも紹介したように、「スローガンを少なくし、提案を多くしよう」という論陣を張ったのである。それは抗戦前夜からの章乃器の極めてリアルな中国認識に起因していた。

たとえば「七君子」事件の獄中で執筆したというエッセー(36)のなかで、章乃器は軍事力の面で日本と比較して圧倒的な劣勢にある中国社会の現状について、次のように論じている。中国農民の「国家意識」は未形成で、都市においても「多くの人は国家を知っていても、国難を知らない」状況である。すなわち国家意識と自治の能力を有しているという意味での「国民」は未形成であると見なしている。また中国は遅れた農業国で手工業従事者も多く、機械制工業も軽工業部門中心で、しかも「買辦」経済として先進資本主義に従属しており、「国民経済」は成立しておらず、経済の有機的一体性は未形成だと指摘している[37]。

こうした中国社会認識に基づく章乃器にとって、「真正な統一国家」としての中国は、希望として語らざるを得ないものであった。章乃器は、中国における国民国家が形成されていないということを、彼の議論の前提とせざるをえなかった。それゆえ国民政府を中核とする総力戦体制を形成できるか否かは、章乃器にとっては民衆の組織化の進展具合にかかわるものと認識されたのである[38]。章乃器の総力戦論は、既存の経済システムの戦時動員や単なる軍隊編成の問題に還元できるものではなく、民衆動員を基本的課題とするものだった[39]。

同時に章乃器が抗戦の発動を、遅れた中国経済を「国民経済」へ再編するために「利用」しうる「チャンス」とみなしたことも忘れてはならない[40]。こうした戦争を通じての近代国家形成、国民的統合の実現を企図する論調は章乃器だけのものではなかった。たとえば羅隆基は柳条湖事件以後、中国の民衆の国家意識の低さを嘆き、一九世紀のドイツやイタリアを例にあげ、対外戦争の発動＝愛国心の高揚をテコにした国家統合・国民形成を志向した。羅隆基の戦争待望論は、民衆を「国民」へと教育してゆくことの重要性を強調するためのレトリックであったとみなすべきだが、彼が戦争を通じた国民国家の形成の可能性を高く評価していたことも否定できない[41]。

日本の大河内一男（一九〇五～一九八四）、英国のハロルド・ラスキ（一八九三～一九五〇）をあげるまでもなく、先進・中進資本主義国の少なからぬ知識人は、戦争を単に対外的な軍事力の発動としてだけでなく、戦争遂行のための国内の合理化・均質化を通じた、「人民のための」政治の実現の過程とみなし、肯定的・積極的に位置づけてきた[42]。後進国中国の知識人にとっても、戦争を通じた国内の再編への希望は、先進国・中進国と同様あるいはそれ以上であったといえよう。そしてこの変革指向を有していたことが、彼の民衆動員論が国民政府の指導力の強化を主張しながらも、単に国民党一党独裁の補完物ではないことを担保していた（後述）。

民衆組織の方法

章乃器は民衆に自由を与え、民衆が自由を争取することを励ましてこそ、民衆の主体的な抗戦への参加が勝ち取れる、と強調した。彼にとって民衆組織化の前提条件は、民衆への自由の付与であった[43]。だが章乃器は「最も覚醒した最も勇敢な人」による「指導」の必要性も強調していた。章において「大衆」とは十分な政治教育を受けておらず、主観的な善意とは異なり「誤り」を犯すこともある存在であった。その「大衆」の指導者たる「小衆」＝エリートの存在が想定されていたのである[44]。その意味で章の構想には清末以来の中国知識人が共通して示した、エリートによる上からの指導を是認する傾向があった[45]。

さらに章乃器は中国農村の後進性・閉鎖性を強調したうえで、農民の動員のために都市の活動家が自身の「故郷へ帰る」運動の重要性を提唱した。章乃器は都市で育まれた近代性が、農村を指導する必要性を強調したのである。[46] 彼にとっての指導とは国家と社会との間に介在し、民衆の力の集中・発揮を阻害する中間的な障害物を排除し、「中央と地方とを合成し一体化し、万能の政府を創出すること」、すなわち「人民の」政治としての民主を徹底することであった。[47] それはまさしく総力戦体制を構築するための「合理化」を進めるものとしての指導であった。[48]

一九三八年三月、章乃器は「指導」について、「安徽省民衆動員初歩綱領草案」(以下、「草案」と略称)において、次のように定式化した。[49]

〔郷鎮レベルでの指導機関としての〕民衆総動員委員会の組織形式は、上から下へを原則とするにしても、その任務は、下から上へ民衆の力量を発動することにある。換言すれば、民衆総動員委員会の上から下への力は圧力ではなく、解放のための力量である。

ここで章乃器の念頭にあったのは、分散的な中国社会を国家のもとに統合し、総力戦を戦うための「指導」であり、それは民衆へ自由を与えることとは矛盾しない。なぜなら自由がないところで育まれるのは、「反抗的な情緒ではなく、全く反対の奴隷性でしかない」からである。[50] 章乃器の理解においては、自由がなければ、主体性を発揮できず、また「指導」なくして自由は発揮しえないものだった。

具体的に「草案」は、安徽省における指導機関として民衆総動員委員会を位置づけ、社会の基層組織として郷鎮民衆抗敵協会を想定した。それは「上から下への組織」や「一般的な職業団体」に基づくものではなく、「自由意志によって結合した民衆団体」とされた。しかしながら、章乃器が農村部を主とする安徴省において、具体的に論じているのは、保甲制に基づく基層組織や紅槍会など、現有の民衆団体の改造であった。そのために郷鎮民衆抗敵協会に結集した民衆は、「参政組織」たる郷鎮民衆大会に参加し、「土豪劣紳」など国家と社会との結び付きを阻害する存在を排除する役割を果たすよう期待された。また民衆の抗戦への動員に際しては、彼らの経済的利益の保障の必要を強調しており、徴発的な動員を構想していたわけではない。

さらに「草案」は「指導」について次のように述べている。

形式的な指導、指導のための指導、指導者の自己満足の指導、これらはみな全力を挙げて免れるべきものである。我々は最も正確な見解があってこそ、やっと真実の指導が発揮できるのだと理解しなければならない。

「草案」で一応の完成をみた章乃器の動員論は、中国社会の後進性を議論の前提とし、「万能政府」のもと都市エリートが、自由を付与された民衆（その大半は「土豪劣紳」ではない農民）を上から「指導」し、その主体性を確立するというものであった。それは抗日戦争発動による愛国心の高揚を利用して、〝独裁〟局面を強化することで国家統合の実現をめざすものであったが、章乃器においては、「万能政府」の創出は「国民」の創出のための「土豪劣紳」の排除など、「人民の」政治としての民主を実現するものと理解された。強力な権力を有する政府による統制・指導（＝〝独裁〟）によって民主は発展しうるのであり、民主によって効果的で効率的な政治（＝〝独裁〟）は保障されるものと見なされていたのである。

この章乃器の民衆動員論は、当時の知識人の思想状況のなかで如何なる位置を占めたのか。次節では救国会運動に積極的に関与した施復亮および共産党員・潘漢年の抗戦論との対比のなかで、彼の論調の特徴を明らかにする。二人を特にとりあげるのは、今日、一九三七年末までに章乃器と他の救国会派との間に政治的な分岐が生じたと指摘されるとき[51]、施や潘との意見の食い違いに、その理由の一端が示されているように思われるからである。

第三節　章乃器の民衆動員論の位相

基層組織の結合原則をめぐって

日中全面戦争の初期においては、章乃器も潘漢年、施復亮のいずれも民衆の組織化を抗戦遂行のための不可欠の条件とする点で共通していた。両者の違いは民衆を組織する際の原則のとらえ方にあった。章乃器が民衆動員の基層団体として位置づけたのは、「職業組織と弄堂組織」であったが[52]、抗戦の進展にともない具体的に論じたのは、都市における地縁組織＝「弄堂互助会」だった。その後、上海など都市部の喪失が目前に迫るなかで、前述したように章乃器は農村の組織化に力点をおいてゆく。

他方、潘漢年は〝バラバラの砂〟の中国民衆を組織する基層団体として、国民革命期と同様の階級に基礎をおく農民協会・工会などを想定し、その活性化による民衆動員を志向した。その論拠は民衆の利益を保障しえない団体が組織化に成功するはずもないという点にあった[53]。

章乃器はこうした議論に真向から反対した[54]。

北伐時期には、我々は労働者・農民自身の利益の要求によって組織化を呼びかけることができたが、現在は不可能である。現在はただちに彼らの民族意識を啓発し、しかるのちに彼らを再組織するのみである。

上海陥落を目前にし農村における民衆動員が焦眉の課題となった段階で、章乃器が農村における基層団体と位置づけたのは、「婚喪喜事・幇工・開水頭」などの「大衆がすでに了解した組織、平凡な組織」であった[55]。農村部を主たる舞台として構想された「草案」においては、前述のように「現有の民衆団体」を前提として、民衆動員の基層組織について論じていた[56]。

農村で農民の階級的な組織化を回避しようとした要因について、章乃器は次のように述べている[57]。

統一戦線を鞏固にするためには、〔超党派・超階級の立場だけでなく、〕さらに極めて大きな誠意および最大の寛容が必要である。……我々は一個人の過去の経歴と経済基礎を過度に重視してはならず、ただ彼の現在の抗戦に対する熱情だけを見ればよい。これが我々がもつべき寛容である。

こうした章乃器の議論に施復亮が批判を加えた。もともと施復亮も「職業と階層に応じて組織するべきだ」と考えており、それゆえ彼は保甲制などによる治安維持の必要性は認めたが、彼にとってあるべき民衆運動は、既存の支配者が上から支配する組織に頼るべきではなかった。なぜならば労働者・農民の階級的な利害を保障できない民衆運動は、民主を実現する力は弱いと理解されていたからである[58]。

とはいえ潘や施のように工会や農民協会の組織を訴えることは、当時においては一九二〇年代の劇烈な階級闘争を想起させたと思われる。まして潘が国民革命期の孫文の革命論を引きながら、「下層の基本的な民衆の自発的な積極性を引き出し、しかるのちに各級の代表制度を設立」しなければならないと、二〇年代の権力論を再提起し、施復亮がこうした民衆団体を基礎として政府から自立することを目指したとき[59]、かつての「過火《ゆきすぎ》」に対する少なからぬ人々の恐怖を呼び起こしたことは、容易に想像できよう。

まして章乃器は一九三五年に「もし真に農民の満足を求めれば、それはおそらく革命的な手段となる」ことを承認していた[60]。統一戦線の維持・強化を最大の課題とする章乃器が、農民の階級的利害に基づく農民協会の組織を危惧したことは、当然だったというべきであろう。こうした彼の立場は潘漢年ではなく施復亮への批判というかたちで提示される。

その要因は定かではないが、たしかに施復亮の批判は辛辣で、章乃器が民族の「決心」に基礎をおく「超党派、超階級、超経済」の「統一戦線」を標榜するのは、「ブルジョワ」の利益を代表することの本質を覆い隠すものだと断じた[61]。章乃器としては許し難い批判だったともいえる。しかし過激ともいえる章の施復亮批判には、彼自身の唯物論の理解の未熟さや、施復亮の議論の曲解もあり、ここで逐一紹介する必要を感じない。ただ彼の議論の根底には現実社会での効率的な民衆動員を求めるという点だけでなく、国民革命時代の階層別組織への危惧が色濃くあったことは確認しておきたい[62]。

だが他方で現有の民衆組織を通じて、果たして総力戦を闘う民衆動員が可能であるのか。この点については章乃器は次のような展望を記している[63]。

遅れた大衆のなかに入れば、まず方法をいささか遅れたものにし、彼らが聞き慣れ、見慣れた方法を

> 多々利用する必要がある。しかし、当然我々は適当な時期に、絶えず方法〔の質〕を高めなければならず、落伍した方法を利用するのは、我々の門を開くために過ぎない。

章乃器は現有の民衆組織を基層にすえることを、「新時代は往々にして旧時代の方法のなかで育まれてくる」という論理によって正当化した[64]。こうした章乃器の〝保守〟的な姿勢は決して少数派ではなかった。たとえば共産党員・銭俊瑞も、一九三八年の初めに「一切の新しいものは古いもののなかから生まれ出る」と述べ、「一時の満足」を求めて急進主義的な対応をすべきでないと呼びかけている[65]。

とはいえ章乃器の階級闘争への忌避感とそれにもとづく民衆組織論は、一九二〇年代の終わりから一貫していた。たとえば彼はその政治活動のごく初期から、諸階級を包摂した地域的な連合体を革命の基礎として、次のように主張していた[66]。

> 共産党は階級闘争を革命の方法としており、それゆえに無産階級のなかで職業をもとに、様々なタテの組織をつくり、それらがそれぞれに彼らの上にいるいわゆる「圧迫者」を打倒するようにする。国民革命はこのように簡単なものではない。……私の主張するヨコの組織が階級を調和し革命を共同して進める唯一の妙案だと私は信じている。

こうした議論の根拠は敵が強大であることに求められたが、変革者の側が強大でない敵と戦うことは想定しがたく、章乃器の議論は本来的に階級調和的な傾向を帯びていたと思われる。

救国会の存続をめぐって

章乃器の民衆動員論のいま一つの特徴は、彼も指導者の一人であった救国会の解散さえ、許容した点である。彼は全面抗戦の発動前夜に、「救国会の立場が救国運動を防害するときは、我々は毅然として救国会の立場を放棄して救国運動を保全しなければならない」と述べた[67]。それは救国会内部の急進主義的傾向の台頭を怖れたことに起因していた。

この点については七君子事件に際しての王造時の回想が興味深い。王によれば彼らがまだ獄中にいるとき、李公樸が主催する読書生活出版社から張執一（共産地下党員）の『抗戦中の政党と党派』が出版されたが、この本のなかに救国会のなかには二つの意見があり、ひとつが章乃器を代表とする正しい見解で、擁蔣抗日というものであり、今ひとつの誤った考えが反蔣抗日で王造時を代表としているとの記述があったという。獄中にある王造時にとっては、彼が蔣介石の打倒を目指すかのような記述は生死に関わるものとみなされ、李公樸が当該書の発行停止を決めた[68]。この点は他の史料では確認できず詳細は不明だが、当時から章乃器の特徴として政府との親和性が指摘されていたことは興味深い。

章乃器は、一九三七年初めに「極左」的なスローガンを高唱するだけのトロツキー派的な傾向（「不凡主義」）を厳しく批判した[69]。この評論で章が「不凡主義」的傾向を持つ可能性があるとして具体的に指摘したのは、「反差不多運動」と呼ばれる文学運動であった。この運動は、リベラルな傾向を持つ沈従文が、当時の左翼作家たちの「国防文学」をどれもみな大差の無い（「差不多」）ものだと批判して、こうした傾向に対する反対の必要性を説いたことに端を発していた。したがってトロツキー派批判を直接意図したものではなかった[70]。章乃器が危惧したのは、中国トロツキスト派の活性化というよりも、むしろ抗日・民主運動内部の急進主義的な傾向だったのではなかろうか。

　というのもおそらく章乃器の批判の前提には、前年の魯迅との面会の不首尾があったと思われるからである。それは魯迅・胡風ラインと周揚ら共産党の文化官僚との国防文学をめぐる対立に関係しており、魯迅らにとっては国民党への批判的立場を急速に弱め、統一戦線の構築を無条件で優先するかのような周揚らの文学論は、許し難いものであった。魯迅は中共党員の馮雪峰に「国民党と連合しなければならないなら、あのまえに、敵に投降した分子どもは、最も歓迎することだろう」と述べたという(71)。魯迅の葬儀に際しては、章乃器が棺をかかえる一人となる、という決定に胡風らは反対した(72)。

　いずれにしても、章乃器は第二次上海事変の勃発後に、次のように述べ統一の必要性を改めて強調した(73)。

> 皆は全力で力量を集中し養わなければならず、再びあれこれの見解の違いがあれば、影に日向に互いに争い、ごく僅かな国力を消耗してしまう。

　急進主義の台頭に対する危惧は、章乃器一人のものではなかった。一九三七年末、改めて銭俊瑞が抗日・民主運動内部における階級対立を増大する傾向の存在に警告を発している(74)。

　章乃器の救国会解散肯定論は、抗日・民主運動内部の急進主義批判を当面の課題としたものであり、運動の統一を維持するという戦術的配慮であった。だが救国会のような政治結社にしろ、工会や農民協会など階級別団体にしろ、それは多元的な価値を相互に認める政治文化の形成を促す可能性も持っていた。

　他方、章乃器は中間的な団体や階級別組織の形成を忌避・排除しつつ、地縁的な現有の民衆団体の換骨奪胎を通じて、「万能政府」の権力を社会の末端にまで浸透させることを志向していたのである。その意味で彼の民主動員論の特徴は、強い行政力をもつ国家による直接的・一元的な社会の把握を志向した点にあり、民衆に自由を与えることは、社会の側から国家による統合を主体的に担いうる「国民」を創出するための条件であった。

小結

救国会運動が、当時の政治情勢をリードしえた要因は、次の二点にあった。①愛国運動の担い手として国民政府・国民党を位置づけただけでなく、既存の政治組織とは別の「抗戦遂行のための全中国的な指導機関」の設置を提起しえたこと、②愛国的な商工業者や地主をも含んだ運動の組織方針を打ち出し、具体的な行動を組織しえたこと。こうした方針を打ち出すにあたって章乃器は重要な役割を果たした。

さらに章乃器は人々の愛国心による政治的凝集力の高まりを通じて、中国政治の「人民の」政治の実現を目指していた。彼にとって愛国は民主を実現するための「テコ」の役割を果たすことが期待されていた。また民主の内容も運動の進展のなかでより詳細になっていた。それは「人民のため」の政治が実現すべき政策の一覧表ともいえるものであった。

しかしそれだけに「人民による」政治のための具体策が乏しいことが明瞭となる。章乃器らは「人民の」政治であることを実質化するために、党派や職能団体の代表による合議機関の設置をもとめてはいるが、体系的な制度改革のプランは提示しなかった。それは当面の課題として国共の合作をもとめる、という実践的な政治判断に基づくものであったとはいえ、彼の制度改革への関心の低さも示すものとなった。抗戦開始にともない章乃器は、他の救国会派知識人の多くが重慶に移動するなか、安徽省での民衆動員に従事する。それは国民党・国民政府が愛国の担い手となった新たな状況に対応するものであった。抗戦の開始にともない愛国を第一とし、政府への批判を弱めるべきだとした章乃器にとっては、格好の実践だったといえよう。

実際、章乃器は日本軍の進撃に追われながらも、行政改革などを強力に進め、新四軍への支援を実施するなど、民衆動員の実際に積極的に従事した。『民衆基本論』や『出獄前後』の重版が象徴したように、彼の議論は多くの知識人に影響を与えた。だが「草案」に即して安徽省社会を再編してゆくには、国民党CC系による妨害も大きく、時間も少なすぎた。一九三九年四月、章乃器は蔣介石の命によって重慶に移り、安徽省で活動しえたのは、一年有余に過ぎなかったのである。

とはいえ安徽省の実践は彼の民主論を深める契機ともなった。章乃器の民衆動員論は一九三八年の春までに確立したが、その最大の特徴は「万能政府」よる社会の直接的・一元的な統合を構想したことであった。愛国を実践するために農村の既存の社会関係を利用して、上から下への民衆動員を実現しようとしたのである。それはエリート主義的な色彩が強いものであり、潘漢年や施復亮らからは批判された。章乃器の民衆動員論は階層別の組織原理こそが、「人民の」政治としての民主を保障すると主張する人々との論争を通じて形成されたのである。

すなわち施復亮らからみれば章乃器の民衆動員論は、既存のエリートの支配を温存しかねないものであった。だが章の主観的意図からいえば愛国を第一の課題としたがゆえに、中国社会の内部における階級対立の回避を前提としたのである。それゆえ彼の自由は寛容を主たる内容とするものとなった。

しかし本来、寛容とは公共的な政治空間における批判精神の涵養を保障するものであるはずだった。章乃器の寛容を求める対象が農民協会を組織しようとする貧農や工会を組織しようとする労働者たちだけでなく、「胸襟の狭い」「専制権力を濫用する指導者」であるならば、それは必然的に国民党・国民政府に対する批判の自由を承認せざるをえない(75)。

また章乃器は「国家意識」もなく国事を担う能力もない中国民衆を「国民」へと陶冶する方法について、中国民衆が「下から」の自覚を待つことはできず、指導者が「上から」民衆に自由を与えることが必要だと主張していた。だが「国民」を創出しうるリベラルな価値とは、寛容だけでなく、批判精神、良心に従う勇気、対話の忍耐と度量、決定を下す意志力などであり、リベラリズムとは「個人の自由を平等かつ実質的に保障するために、個人の諸権利を確立し拡充する」ための「思想・運動」でなければなるまい(76)。

こうして「人民の」政治としての民主の実現のために自由を求めることは、章乃器自身に彼の自由の理解を再検討することを求めることになった。

註

（1） 章立凡、前掲『章乃器文集』には、「初歩政治綱領」のほか「全国各界救国聯合会成立大会宣言」、「全国各界救国聯合会対時局緊急通電」、「全救会対国民党二中全会宣言」、「全救会為団結禦侮告全国同胞」および「上海

文化界救国運動宣言」、「上海文化界救国会対中宣部告国人書之辯正」などが章乃器の執筆と判断され掲載されている。その根拠は必ずしも明確ではないが、当時の章乃器の議論と救国会の文書との間には政治的・思想的な偏差は認められず、本書もこうした判断に従う。

(2) 山之内靖「戦時動員体制」社会経済史学会編『社会経済史学の課題と展望』有斐閣、一九九二年、三〇九頁。そのほか山之内靖・ヴィクター＝コシュマン・成田龍一編『総力戦と現代化』(柏書房、一九九五年)など。

(3) この点についてはすでに平野正『中国革命の知識人』日中出版、一九七七年が基本的な実証を行っていた。

(4) 章乃器「四年間的清算」『大衆生活』一巻一一期、一九三六年一月二五日、二五九頁(下・一八二頁)。

(5) 楊弗根「今年的五四」『生活教育』三巻四期、一九三六年四月一六日、一三六頁等。

(6) 水羽信男「抗日言論の一潮流——『自由評論』誌上にみえる抗日論」『史学研究』一七八号、一九八八年を参照のこと。

(7) 全救聯、前掲「抗日救国初歩政治綱領」(下・二四四頁)。

(8) 章乃器「由平時財政説到戦時財政」『永生』一巻一二期、一九三六年五月二三日、二七八頁。

(9)「全国各界救国聯合会成立大会宣言」『救亡情報』六期、一九三六年六月一四日(下・二三六頁)。

(10) 以下、章乃器「民族的路出在那裏」『章乃器論文選』上海・生活書店、一九三四年(原載・『大晩報』一九三二年一〇月一〇日)。

(11) 章、前掲「初歩政治綱領」(下・二四四頁)。

(12) 葉英「救亡前途的估計」『大衆生活』一巻一三期、一九三六年二月八日、三二五頁。

(13) 両広事変については陳瑜「両広事変和平解決的歴史作用」『広西社会科学』一三二号、二〇〇六年六月および董艶玲『報刊視角下的両広事変』曁南大学修士論文、二〇〇七年などを参照のこと。

(14) 董、前掲『報刊視角下的両広事変』二八頁など。

(15) 章乃器「誰是内戦的挑発者」『永生』一巻一六期、一九三六年六月二〇日(下・二五一頁)。
(16) 水羽、前掲『中国近代のリベラリズム』三五頁。
(17) 楊樹標「論国民党五届二中全会是南京政府対日政策転変的標志」中国抗日戦争史学会編『抗日戦争与中国歴史——〝九・一八〟事変六〇周年国際学術討論会文集』瀋陽・遼寧人民出版社、一九九四年。
(18) 「全国各界救国聯合会推派代表赴京請願経過」『救亡情報』一二期、一九三六年七月二六日。
(19) 沈鈞儒・章乃器・陶行知・鄒韜奮「団結禦侮的幾個基本条件与最低要求」『生活知識』二巻六期、一九三六年八月五日(下・二五八頁)。
(20) 劉羣「論国防会議」『時代論壇』一巻九期、一九三六年八月一日、四一八頁。
(21) ×には当然「日」が入るが、当時、国民党は日本の要求を受け入れ敦睦友邦令を発し(一九三五年六月)、抗日宣伝を禁止していた。
(22) 「理事会及各分会幹事聯席会議」『上海職業界救国会会刊』二期、一九三六年八月三日。
(23) 高素蘭編『蔣中正檔案事略稿本』三八、国史館、二〇一〇年、四二四~四二五頁。なお羅敏「蔣介石与両広六一事変」『歴史研究』二〇一一年一期も参照のこと。
(24) 当時の政治状況については、張憲文編『中華民国史』二巻、南京大学出版社、二〇〇六年、李新編『中華民国史』八巻、二〇一一年などもある。
(25) 上海各界救国聯合会「従九六到九一八的初歩工作検討」『救亡情報』二二期、一九三六年一〇月一八日、呉穆「在現階段、我們応当怎様幹」同右、二九期、一九三六年一二月九日、「全国各界救国聯合会執委馬相伯等為七領袖被捕事件宣言」同右、西安事変号外、一九三六年一二月一八日。
(26) 陶行知「団結禦侮的幾個基本条件与低低《ママ》要求之再度説明」同右、二八期、一九三六年一一月二九日。
(27) 章、前掲「為和平而戦!為民族解放而戦!」。

(28) 彼らの容疑は「赤匪〔＝中国共産党〕と結び、みだりに人民戦線を唱え、階級闘争を煽り、国民政府の転覆を主張した」ことにあった（『申報』一九三六年一一月二六日）。しかしながら、国民政府がこの時期に逮捕に踏み切った直接の要因は、在華紡ストライキにおける全救聯の影響に危機感をもった若杉総領事が、一一月一八日午後、上海当局に対して「抗日救国会ノ黒幕ト目シ居ラルル章乃器（元浙江実業銀行副経理）沈鈞儒（弁護士）李公樸外五名ノ逮捕」を要求したことであった（「上海紡績会社罷業関係」〝五　外務電〟、〝八　若杉総領事→有田外務大臣第五三七号〟（一九三六年一一月二〇日着電）、『現代史資料』一三巻（日中戦争五）、みすず書房、一九六六年、三八頁）。

(29) 馬場毅「抗日根拠地の形成と農民――山東区を中心に」野澤豊ほか編『講座中国近現代史』六巻、東京大学出版会、一九七八年。

(30) 章乃器「少号召多建議」『申報』一九三七年九月一日〔下・三七六～三七七頁〕。

(31) 毛沢東、前掲「上海、太原陥落後の抗日戦争の情勢と任務」七四頁。

(32) 魏錚・章立凡「商文双棲勇士章乃器」趙雲声主編『中国大資本家伝』一巻、長春・時代文芸出版社、一九九四年、五四二頁。

(33) 当時の安徽省の状況については、『第二次国共合作在安徽（安徽文史資料第二五輯）』合肥・安徽人民出版社、一九八六年を参照のこと。

(34) 章乃器「現階段的救亡工作」『抵抗』一一号、一九三七年九月二三日、三頁〔下・三八五頁〕。

(35) 銭俊瑞「現階段救亡運動的中心任務――給救亡工作同志的公開信之三」『抗戦』三二号、一九三七年一二月二九日、五頁。

(36) 章乃器『民衆基本論』上海・上海雑誌公司、一九三七年の初版は、一九三七年一〇月。その後一ヶ月間で漢口・広州で版を重ね、合計一万八千部を発行した。

(37) 同右、一〇・三六頁など。
(38) 章乃器「抗戦時期的民主問題」『申報』一九三七年一〇月二三日〔下・四〇三頁〕。
(39) 秀才で、一九二五年に共産党に入党した古参党員のひとりであった謝覚哉（一八九三〜一九七一、筆名は無患）も、「軍事」・「産業」・「工場」・「交通」・「金融」・「貿易」・「人力」・「思想」・「警備通信」の九分野にわたる動員を総力戦のために必要だと考えている（「談国家総動員」『抵抗』七号、一九三七年九月九日）。当時においては章乃器の動員論が支持される条件は生まれていたといえよう。
(40) 章乃器「再論戦時金融」『申報』一九三七年九月二六日〔下・三九一頁〕。
(41) 羅隆基「告日本国民和中国的当局」『新月』三巻一二号、一九三一年など。
(42) 山之内靖「参加と動員——戦時期知識人のプロフィール」同『システム社会の現代的位相』岩波書店、一九九六年、小笠原、前掲『ハロルド・ラスキ』。
(43) 章、前掲『民衆基本論』二九〜三〇頁。
(44) 章乃器「怎麼開展弄堂組織？」『抗戦』二号、一九三七年八月二三日、五頁〔下・三七二頁〕。
(45) この点については、佐藤慎一「近代中国の体制構想」溝口雄三ほか編『近代化像』（『アジアから考える』、五巻）、東京大学出版会、一九九四年などを参照されたい。
(46) 章乃器「回郷運動」章、前掲『出獄前後』〔原載：『立報』一九三七年九月四日〕六四頁〔下・三七八頁〕。
(47) 章、前掲「抗戦時期的民主問題」〔下・四〇三頁〕。
(48) 章乃器「合理的統制」『抗戦』六号、一九三七年九月六日、五頁〔下・三七九〜三八一頁〕。
(49) 章乃器「安徽省民衆動員初歩綱領草案」『抗戦』五六号、一九三八年三月二三日、九頁〔下・四一六頁〕。
(50) 章、前掲『民衆基本論』二八頁。
(51) 魏ら、前掲「商文双棲勇士章乃器」五四一頁。また当時、章乃器自身も個人名は明記していないが、彼の

「卒直な」言論が他者の「反感」を買ったことを認めている（章乃器「現階段的救亡運動」章、前掲『出獄前後』（原載：『国民』一九三七年一〇月二九日）一二五頁〔下・四〇七頁〕）。

(52) 章、前掲「由前方主義転向到後方組織」。章、前掲「怎麼開展弄堂組織？」も参照のこと。

(53) 潘漢年「群衆動員的基本問題」『抵抗』一〇号、一九三七年九月一九日。

(54) 章乃器「負担起来新時代的艱苦任務」章、前掲『出獄前後』（原載：『救亡周報』一九三七年一〇月一七日）一〇四頁。

(55) 章乃器「平凡的領導和平凡的組織」『抵抗』一九号、一九三七年一〇月一九日、七頁〔下・三九八頁〕。

(56) ただし章乃器も「草案」において、抗戦初期の上海での言論活動と同様に、都市部では公務員や店員の組織が基礎となって職業界抗敵協会が設立されることを承認している。前掲「草案」九頁〔下・四二〇頁〕。

(57) 章、前掲「現階段的救亡運動」〔下・四〇九頁〕。

(58) 施復亮「関於民衆運動的幾個根本問題」『文化戦線』四期、一九三七年一〇月一日、一八〜一九頁。

(59) 潘、前掲「群衆動員的基本問題」、同右、一九頁。

(60) 章乃器「対於土地村公有制之意見」章、前掲『激流集』三四七頁〔上・二二二頁〕。

(61) 施復亮『民主抗戦論』漢口：進化書局、一九三七年、序二〜三頁。

(62) 章乃器「答覆施復亮先生」『国民』一九期、一九三七年一一月一九日。

(63) 章、前掲「平凡的領導和平凡的組織」〔下・四〇〇頁〕。

(64) 同右〔下・三九九頁〕。

(65) 銭俊瑞「目前救亡運動組織和行動上的弱点——給救亡工作同志的公開信之五」『抗戦』三四号、一九三八年一月三日、七頁。

(66) 章、前掲『国民党的当面問題——党的組織和党的規律』七〜八頁。

（67）章乃器「救国会和救国運動的前途」章、前掲『出獄前後』（原載・『学生之路』一九三七年七月一日）一四頁〔下・三五四頁〕。

（68）「王造時自述」（節録）周天度・孫彩霞編『救国会史料集』北京・中央編訳出版社、二〇〇六年（回想の該当部分は初出の『上海文史資料選輯』四五輯およびこれを底本とした葉英烈編『王造時――我的当場答覆』北京・中国青年出版社、一九九九年では欠落）。なお張執一『抗戦中的政党和派別』漢口など・読書生活出版社、一九三九年版では、問題の個所は削除されている。ただし救国会内部にも内戦を徴発する××らが入り込み、抗日と反×（蔣介石か？）を結びつけようとしているが、抗日民族統一戦線と基本的には労働者の主体とする人民戦線とは本質的に異なるとの指摘がある（一〇七頁）。これらは銭俊瑞の議論と合わせて、当時の共産党内部に統一戦線の維持を最優先に考えるグループがいたことを示すものとして興味深い。

（69）「反不凡主義」『出獄前後』（原載・『立報』一九三七年三月一三日）一～五頁〔下・三四八～三五〇頁〕。なおトロツキストが当時階級闘争を重視し、統一戦線に反対したことは事実だが、自己と異なる左派をトロツキストとレッテルを貼り、卑しめることが当時の正統なマルクス・レーニン主義者と自任する者の習い性だったとも、確認しておく必要があろう。章乃器の議論のなかみはさておき、彼の口吻は極めて左翼的なトーンを保っていた。なお近年ではトロツキーへの問答無用の批判を再検討し、魯迅に対するトロツキーの影響の深さも指摘されている（張広海「論魯迅対托洛茨基文芸理論的接受」『北京大学研究生学志』二〇〇九年四期）。また長堀祐造『魯迅とトロツキー――中国における「革命と文学」』（平凡社、二〇一一年）もあわせ参照されたい。

（70）中国社会科学院文学研究所現代文学研究室編『〝両個口号〟論争資料選編』下、北京・人民文学出版社、一九八二年。また馬俊三「〝反差不多運動〟――三十年代自由主義文学思潮的尾声」『遼寧師範大学学報（社科版）』一九九六年六期、劉東方「〝反差不多〟論中的〝差不多〟――以〝反差不多〟運動中的茅盾与沈従文為中心」『山東師範大学学報（人文社会科学版）』五六巻四期、二〇一一年も参照のこと。

(71) 馮雪峰、鹿地亘・呉七郎訳『魯迅回想』ハト書房、一九五三年、一七八〜一七九頁。
(72) 章、前掲「我和救国会」(下・六三三頁)。呂春「追憶魯迅葬儀二三事」『文史雑誌』一四〇期、四八頁。
(73) 章、前掲「少号召多建議」(下・三七六頁)。
(74) 銭、前掲「現階段救亡運動的中心任務」四頁。
(75) 章乃器「中国的前途」章、前掲『出獄前後』(原載:『新学識』一九三七年八月五日)二〇頁(下・三六二頁)。
(76) 井上達夫「自由をめぐる知的状況——法哲学の側から」『ジュリスト』九七八号、一九九一年、二二頁。

第三章　抗日戦争と章乃器

問題の所在

本章は主として章乃器が重慶に移動した一九三九年から、一九四五年末の民建成立前後までを扱う。この時期には愛国という課題が戦争という形で中国人に突きつけられたが、一九四一年末の日本の対英米戦争の開始などもあり、連合国の一国となった中国には民主の実現という課題も突きつけられてゆく。こうして憲政問題もクローズアップされることになった。

この戦争と憲政という二つの具体的な政治的実践を通じて、中国の政治構造は大きな変化をとげつつあったが、章乃器は一九四一年春、日ソ中立条約の評価をめぐって、王造時とともに救国会から離れた。多様な思想傾向を持つ救国会派知識人は「七・七」以後、抗日民族統一戦線が正式に成立し、「抗戦建国綱領」の提出、国民参政会の開催などによって国民政府・国民党が抗日・民主的な姿勢を示し、その一方で共産党の政治力が増大してゆくなかで、分化して行かざるをえなかったのである。

とはいえ、彼らの多くは、抗戦期間中も全救聯へ結集して活動を継続し、国民参政会にも招請され、一九三九年の憲政運動を積極的に担った。彼らは七君子の存在を愛国と民主のシンボルとして、それなりの一体性を保持していたといえる。さらに憲政運動の進展のなか、第三勢力の結集もはかられ、青年党、第三党（のちの農工民主党）、国家社会党、職業教育派、郷村建設派、救国会派の指導者たちが、一九四一年の民主政団同盟を一九四四年に中国民主同盟（民盟）に改組した。救国会はその最左派として一定の役割を果たすことになった(1)。

だが章乃器がこうした第三勢力結集の動きに関与した形跡はない。章乃器は従来の政治基盤を失ったのである。したがって章乃器が新たな情勢に合わせて、自らの信じるところを実現しようとすれば、それまでの愛国と民主に対する立場を再検討しなければならなかった。安徽省時代に章乃器が望んだように〝独裁〟が〝民主〟を保障するものとなるためには、自らの民衆動員論を検討し、その限界を克服する必要があった。特に重要になったのは、農村部で構想された民衆動員論を都市を基盤にして再構築することだった。

それには相応の時間と試行錯誤を必要としたが、最終的には一九四五年末の民主建国会の設立へと結実してゆく。当時の中国は同年八月の抗日戦争の勝利によって愛国の課題がひとまずは解決し、中国国内で民主をめぐって国共両党が、それぞれの立場から政権構想を提示し、彼らは軍事力の行使によって自らの構想を実現しようとしていた。内戦の危機が現実化しつつあったのである。こうした緊張した状況のなか章乃器は民建のリーダーの一人となった。

本章は章乃器の思想と行動を、極めて限られた史料からではあるが、可能な限り分析する。その際、改めて章乃器の愛国と民主をめぐる思想とリベラリズムとの関連に注目したい。

第一節　重慶における章乃器の思想と活動

第一次憲政運動と章乃器

前述したように抗戦開始直後、上海を活動の拠点としたときに章乃器は、「弄堂互助会」とともに、「職業団体」を国家統合の前提としていた。二〇世紀に入り進展する中国の工業化とその結果としての社会の変化に対応するためであった。また多元的な価値を相互に尊重する民主的な社会を形成するためには、「職業団体」の形成は重要な意味を持っていた。こうした都市的な要素がない安徽省ゆえに、農村の現有の民衆組織＝地縁組織に即したプランのみでの対応が可能であった。重慶への移動は、章乃器の活動の基盤がふたたび都市になったことを意味し、彼は自らの政治変革論の再検討を迫られることになった。

なによりも立憲主義的な政治制度無しに独裁国家の暴走を食い止めることができると考えるのは、あまりにも単純過ぎる楽天的な考えであろう。一九三〇年代前半の章乃器の議論からは、リベラルな諸価値を中国に根付かせる上での困難がどこにあったのかを、具体的に知ることができる。章乃器がやがて第二次憲政運動に参与するようになったことは、彼が自らの限界を克服しつつあったことを意味していたといえよう。

こうした思想的な転換は、章乃器だけのものではなかった。一九三〇年代半ばに闘わされた「民主と独裁」論争において、民族的な課題の解決のために独裁を擁護した銭端升らが、抗日戦争時期に彼ら本来のリベラルな立場に立ち戻ってゆく動きは、章乃器の動きと同質のものだったといえ、その意味でも彼の言論活動は、一九三〇年代半ばから一九四〇年代にかけての思想傾向の一端を明瞭に示していたのである。少なくとも重慶到達以後の章乃器の活動は、彼が中国の現実と格闘しながら、自由の意味について理解を深めてゆく過程だった。

第一次憲政運動は二つの政治的危機に対応するために、一九三九年の秋から本格化した。第一の政治的危機とは、一九三九年三月の精神総動員会に象徴される蔣介石の独裁強化であり、第二は同年六月の「異党活動限制辦法」以後、深刻化する国共の対立であった。第三勢力の国民参政員たちは、この状況に対応して、九月の第一期第四次会議において国民党を厳しく批判し、国民参政会憲政期成会の樹立に至った。このときに活躍した参政員は、沈鈞儒、鄒韜奮、史良らかつての七君子だけでなく、国家社会党の張君勱や青年党の左舜生ら、やがて民盟を結成する第三勢力の指導者であり、また国民党内のリベラルな傾向をもつ王世杰らの活動も活性化していた。これ以後、憲政座談会などの形式を通じて憲政運動が本格的に展開することになった。

そこで示されたのは次のような立場だった(2)。

政治に参加する機会がないために、民衆は政治に対して根本的な興味をおこさず、それゆえ抗戦にも興味を興さない。……だから全民抗戦を迅速に実現するために、憲政の実施も再び遅延すべきではない。

ここに貫かれているのは、民衆が政治に参加することを認めることで、彼らの国家に対する帰属意識を深めようとする、清末以来の憲政運動の思想である。たしかに政治参加が認められない民が、国家を自らのものとして意識することはないだろう。この第一次憲政運動で論じられたのは、一九三六年の五五憲法草案の民主的な変革であり、当面の言論の自由など基本的人権の擁護という問題だった。

しかし章乃器が第一憲政運動に参加した形跡はない。その理由は彼自身は説明していないが、一九三七年前後に蘇州で囚われている間に執筆したという文章のなかで、憲政問題について次のように指摘している。[3]

眼前の重い圧迫に対して、ひとことの「ノー」もあえていわず、焦眉の課題である救国の自由と平等の権利に対して、あえて一言の要求もしない。しかし『憲法』研究上の広範な民主的権利についてはあれこれ述べる。これでは、当然、皆には机上の空論だと感じさせる!

ここには憲政を論じる学者たちへの批判的な態度ともに、「人民の」政治としての民主は条文により保障されるのではなく、実力によって獲得されるという彼の立場が明確に示されている。こうした思想的立場が彼に第一次憲政運動に対する一定の距離をもたらしたと思われる。

ちなみに最近の研究では、抗戦時期における〝憲政〟と〝民主〟という二つの用語の雑誌への出現の仕方には、①ピークを迎える時期が異なり、②その出現曲線は相互に背離性があり、③論じられる雑誌の種類が異なるという三つの特徴があるとされる。すなわち憲政は体制内知識人によって学術的に議論されるテーマとみなされがちで、民間においては「貴族的な空理空論の運動」ととらえられ、民主とは掲載される雑誌が異なるだけでなく、頻出する時期も異なるのである[4]。

章乃器は憲政を批判的にとらえる民主観を代表し、こうした言説を広めようとしていたとさえいえよう。それは第一章で論じた「資本主義」批判、「植民地自由主義者」批判と軌を一にしていたように思われる。少なくとも当時の彼にとっては、人民に由来する権力の樹立という意味での民主こそが問題であり、リベラルな価値を保障するために権力を法によって拘束するという意味での憲政（立憲主義）には関心が薄かった。この点は確認しておくべきだと思われる。

上川実業公司

章乃器は一九三〇年代には民族資本家を厳しく批判していたが、重慶では彼自身が経済活動に従事するに至った。それは彼が銀行家であったことからいっても、決して不自然なことでないが、この点に関わって、一九四一年まで章乃器の内縁の妻としてともに救国会運動にかかわった胡子嬰は、一九四五年に執筆した彼をモデルとした小説のなかで、愛国のためには工業を興すことが必要だとして、主人公に次のように語らせている[5]。

最も重要なことは中国は必ず工業を発展させなければならないということであり、こうしてこそ生存でき、抗戦できるのである。……〔日本の経済封鎖によって〕外国製品が中国へ輸入できないときに、大急ぎで工業の基礎を打ち立てなければならない。抗戦勝利後、ふたたび先進資本主義国がきそって中国市場を目指すようになってからでは遅いのである。

章乃器は抗戦開始後は言論ではなく、実践を求めて安徽省での民衆動員に従事し、この道が閉ざされてからは憲政運動ではなく自らの起業を抗戦に直結する活動と位置づけ、全力をあげたのである。次にこうした経済活動の前提となる、抗戦開始から一九四〇年代初めにかけての言説を行論に必要な範囲に限定して確認しておく。

章乃器は市民生活を苦しめた物価の騰貴については、政府による商品の運輸・在庫の管理、さらには遊資の投機活動の禁止や価格調整等々の必要性を強調した[6]。特に遊資が投機活動に従事することに関しては、国民の資産の「総登記」を求め、海外資産の凍結まで求めている[7]。同時に外貨売りを減らし為替レートを切り上げ、物価を安定させ商工業を保護することも提言した[8]。その一方で、彼は日本の「戦争を通じて戦争を養う」という戦術に対抗するため、国家による統制を通じて奥地の生産部門での通貨膨張を促進することも提起している[9]。

彼の議論がどの程度、学術的な評価に堪えうるものか、さまざまな評価がありえる。なによりも国民党の独裁政権のもとで、専門的なテクノクラートによって推進された経済政策に対して、章乃器の政策提言が何ほどの意味をもったのかについて疑問があり、本書では多くを論じない。ただ本書のテーマに即して一点だけ確認しておけば、章乃器は抗戦前夜から政府による統制経済を社会主義の名の下に是認しており、抗日戦争時期にはいままで以上に積極的に国家による統制を求めるようになった[10]。彼は中国の抗戦は後発国ゆえに発展の可能性が残されていると考えており、その有利な条件を生かすことで、戦後の経済発展の基礎を築こうとしていたといえよう[11]。

それゆえ章乃器は言論活動以上に実際の経済活動に力点を移してゆく。それは一九四〇年六月の上川実業公司の設立から始まる。この会社の資本金は二〇〇万元、上海商業儲蓄銀行の董事長兼総経理であった陳光甫(一八八一~一九七六)との合作になるものであった。会社は国民党が作った新たな工業区の一角を占め、機械と手回し発電機、さらにはアルコールの製造工場を経営するなどした。しかしこの会社は一九四二年の後半に軍に売却されることになった。[12]

この間の彼の活動で興味深いのは、遷川工廠聯合会との連携を深め、国民党からの課税要求に対して、正面から政策変更を求める活動を展開したことである。この点は、その後の第二次憲政運動への章乃器の参画、さらには民主建国会の樹立へとつながる人脈を形成することになった。また当時彼が「中国の民主は工業界から始めなければならない」と発言したとされることも、その後の彼の思想と行動を理解するうえで重要であろう。[13] さらにいえば、民間企業の自由さに経済活動に従事することの意味を求めていたと思われることは、[14] 彼の自由との関わりにとって見逃せない。

ちなみに遷川工廠聯合会は、日本の支配下におかれることを嫌い、奥地経済建設を担うため、一九三七年夏以後、上海から四川省に工場を移転した企業家たちによって、一九三八年四月に正式に設立された。そのリーダーは、「中国の電球の父」といわれた胡西園(一八九七~一九八一)、「新民機器廠」の設立者である胡厥文(一八九五~一九八九)、化学工業の創生期を担った李燭塵(一八八一~一九六八)らであった。黄炎培の中華職業教育社とこの聯合会が民建の母体となった。

他方でこの時期には、章乃器とかつての救国会派のメンバーとの間には溝が生まれつつあった。章乃器は国民参政員には選ばれず、安徽省での実践を選択したが、重慶へ移ってからも蔣介石からの度重なる誘惑を断り、政治的に国民党に包摂されることなく、国民党への批判的立場を留保し続けたといわれる。しかし史良は安徽省で国民政府の官僚となったことを批判し、救国会で重要な役割を果たした共産党員である銭俊瑞は、章乃器が国民党にすり寄ったかのようなデマを流したという[15]。章乃器は重慶到着後から共産党との同一歩調を強める他の救国会派知識人とは袂を分かち、企業経営に邁進したともいえる。章乃器が民間の商工業者との接触を深めてゆく過程は、彼が救国会派の他のメンバーと離れてゆくのと並行していたのである。

救国会からの離脱とその後

一九四一年四月の日ソ中立条約をめぐって救国会は分裂した。この条約は南進政策を進める日本と、ドイツによる侵略の脅威に備えたいソ連との思惑が一致して成立したものであった[16]。しかしながらこの条約においてソ連が満州国の存在を認めたこと、また日本がモンゴル人民共和国の領土不可侵をソ連に対して約したことは、これまでの中ソ関係から逸脱し、中国の領土主権を侵害するものだとの批判が起こった。法理上からいえばこうした反応は当然であった。またこれまでのソ連による抗戦支援を通じて、ソ連に対する期待が膨らんでいた中国の世論にとって、この中立条約は寝耳に水のソ連の「裏切り」と見なされた。

こうした世論の動向をリードし、利用したといわれるのが蔣介石であった。彼は日ソ中立条約を擁護する共産党を愛国心のないソ連の傀儡と見なし、国民の愛国心を組織することで反共思想を拡大、定着することを目指した。他方、共産党はソ連の政策を必要かつ正当なものとして、日ソ中立条約を擁護する論陣をはった。

章乃器はこの中立条約の成立に際して、ただちに沈鈞儒、劉清揚、王造時、李公樸、張申府、沙千里、胡子嬰、史良らとともに「スターリンへの公開状」を公開した。この文書は王造時が起草したといわれるが、以下のように指摘していた[17]。

我々は〔スターリン〕閣下がこの協定に関して、以下の三点について、適当な時期に適当な方法で補足的な説明を行い、我が国国民および全世界の抑圧された民族の疑念を除かれんことを切望しております。(一)いわゆる「満州国」の尊重とは、満州における偽りの国を承認することを事実上含んでいるのでしょうか。(二)いわゆる「モンゴル人民共和国」は、一九二四年の中ソ協定にある「ソ連は外蒙が完全に中華民国の一部であることを尊重し、この領土内における中国の主権を尊重する」との規定に抵触するのでしょうか。(三)我が国の人民の日本帝国主義に抵抗する戦争に対する〔貴国の〕積極的な援助に影響を与えるのでしょうか。

こうした救国会幹部の動きに対して、国民党は期待し共産党は困惑を隠せなかった[18]。最終的に沈鈞儒らは周恩来の説得を受け入れ、反ソ・反共主義的な世論の高揚が抗戦に不利益を与えると判断し、自らの誤りを承認したといわれる。しかし章乃器は自らの誤りを後年になっても認めなかった。彼は救国会は独立した組織であり、その宣言は救国会のものであり、共産党が干渉する権利はなく、また救国会も共産党の指摘を受けて検討する必要は無い、と断じたといわれている[19]。

一九四二年の上川実業公司売却後、章乃器は一九四四年四月に上川企業公司を設立し、経済活動を継続してゆく。企業公司は実業公司とは異なり、製造業ではなく商業活動や投資活動に力点をおいており、次項で論じるように章乃器自身の活動はむしろ政治面で特徴的な動きを示してゆくことになった。

第二次憲政運動と章乃器

一九四三年二月、スターリングラード（現・ボルゴグラード）でドイツ軍が敗北し、九月にはイタリアが降伏し、第二次世界大戦の帰趨はヨーロッパ戦線においては最終局面に入ったといえた。しかしながらアジア・太平洋戦線では一九四四年四月に日本が発動した一号作戦（大陸打通作戦）が成功裏に展開されつつあり、中国国内における国民党批判の世論は高まった。国民党批判の矛先は、個別具体的には軍隊の劣悪な環境に向い、こうした状況を生み出す政治体制として一党独裁体制が批判にさらされた。

さらにこの年は米国からの民主化圧力、すわなちファシズム国家と戦う民主陣営の一国としての中国の独裁に対する批判が高まり、共産党もまた一九四四年九月に「聯合政府」の樹立を提起するに至り、蔣介石としても国内の民主化要求を頭ごなしに否定できる環境はすでになくなっていた。こうして一九四四年は、前年の憲政実施協進会を推進母体として、第二次憲政運動の高揚が見られることになる。とくにそれまで政治を問うことのほとんどなかった民間の企業家たちが、彼ら自身の要求をかかげて活発な政治活動を展開するようになった。こうした点を踏まえたとき、一九四四年は「中国社会のターニングポイント」となったのである。[20]

商工業者の見解は、具体的には黄炎培が公刊した『憲政』月刊を通じて発表された。黄炎培が第二次憲政運動で重要な役割を果たすに至る背景には、民主政団同盟で熱心に憲政運動を展開していた張君勱や左舜生に対する国民党の忌避感が指摘されている。職業教育社を率い、統一を第一の政治課題として穏健な言論活動に従事していた黄炎培は、国民党・蔣介石からみて政治的距離が近く、それゆえ国民党はほかでもない黄をこの運動の中心に据えたのである。(21)

『憲政』はタイトル通り憲政にまつわる全体的な論点に言及していたが、ここでは章乃器の発言に即して論じてゆく。彼は一九四四年一月の『憲政』創刊時の「発起人」ではない。彼は七・八合併号（一九四四年七月）から王雲五、胡西園らとともに編集委員となった。(22)

章乃器は『憲政』誌上で、水利や交通など大規模な事業は国有に適しているとするが、私的資本の活動の場を拡大し保障するように求め、その根拠として私的資本のメリットを「企業心」にあるとした。それゆえ彼は国営企業の経営者に民間人の登用の必要性も説いている。(23)

さらに「工業界の憲政に対する意見——工業界憲政座談会紀要」にも署名したが、この「意見」は（一）憲政の民生主義と工業に対する重要性、（二）資本の制限の目前の意義、（三）工業界は自治工作に参加すべきであるの三つの部分からなっている。そのなかで本書との関連をいえば、次の諸点において、章乃器の民衆動員論との一貫性を感じさせる。(24)すなわち（一）で「人民のための」政治実現のためには、「人民による」政治の実現が先決であると主張し、（二）で土地改革を工業発展の前提条件としたうえで、（三）で地方自治においては農村ではなく都市自治の実現を優先すべきだと主張し、商会から自立した工業界＝

「優秀分子」による指導を重視していることである。

この都市による農村の指導、近代的要素を代表する工業界の自立は、のちに章乃器が創設時の基本文献を起草したといわれる民主建国会の基本的な方針となった。こうした立場は農村蔑視、農民への侮蔑ともいえるものだったが、彼にとっては逆に自らの社会的責任を果たすうえで、必要かつ持つべき態度であった。都市的要素を持つエリートによる民衆指導の必要性を強調する立場は、国民党の訓政を論じた際に、都市が農村を、そして都市市民が農民を「訓育」することそのものは、どの国にもあることだと指摘したことにも明瞭に示されている。彼にとっては国民党の「訓政」すなわち一党独裁が改善すべき問題とされたに過ぎない[25]。

章乃器はこの時期、遷川工廠聯合会でも政治活動を展開している。たとえば彼は私的資本の発展に役立てるために、米国を中心とする中国への救援物資は国営企業ではなく民営企業に対して優先して活用すべきだと明確に指摘している。同時に彼は政府の計画による私的資本の発展を求めていたのであり、自由放任型の経済ではなく、政府主導の上からの経済政策を必要としていた。この点に彼の議論の抗戦前夜からの連続性が見られる[26]。

第二節　民主建国会の成立と章乃器

民建の基本方針

章乃器は重慶で発行された民建の機関誌『平民』の編集委員となったといわれるが、その発刊の辞では次のような主張が展開されていた[27]。

大人先生たち〔国共両党〕が権力を争い利益を奪い合うことは、それが平和的な搾取であれ、平和的な山分けであれ、あるいは暴力的な争奪・軍事的な闘争であれ、結果は犠牲となったものはすべて、多数の平民である。……私たちは中国にこのような一種の政治力量〔＝民主建国会のような中間派を代表する勢力〕が必要であると考えるし、かつこのような政治力量が不断に発展する可能性を信じている。……私たちは純粋な平民としての協力を願い、右に傾むかず左に加担しない。

ここには極めて強い国共両党に対する自律性が示されており、「平民」を組織化する主体としての民建の歴史的役割への自負が感じられる。

彼らのいう「平民」とは具体的にどのような人々だったのだろうか。この点を民建の設立過程を追うなかで確認しておきたい[28]。

民建の組織活動は一九四五年八月二一日、重慶で始まった[29]。その中核となったのは、①近代企業経営に適応しうる労働力の形成を目指して、一九一七年に黄炎培が上海で組織した中華職業教育社と、②四川省に工場移転した諸企業が、一九三八年四月に重慶で設立し、胡厥文をリーダーとした遷川工廠聯合会であった。この二者が中心となって出版したのが、先に取り上げた『憲政』であった。

民建の準備作業は中華職業教育社（以下、職教と略称）の黄炎培が中心となり、当初から関わったのは章乃器のほかに遷川工廠聯合会の胡厥文、資源委員会の林継庸、職教で黄の助手を務めた楊衛玉がいた。この五人のうち四人までが中国革命に際して大陸に留まることを選択し、民建の指導的幹部として活躍したが、林のみは国民党とともに台湾へゆくことになった。[30]林が最終的に民建に留まらなかった理由は不明だが、民建が成立の過程で反政府的（少なくとも非政府的）な傾向を強めたことに起因していると想定することも可能かもしれない。そのほか、当時、四川省銀行経済研究所にいた施復亮など、既成の小党派と一定の距離を保っていた知識人も参画し、民建は一九四五年一二月一六日に重慶で成立した。

成立時（一九四五年一二月）の中央理事・監事五三人の経歴を検討すると、民建の幹部の半数近くは今回はじめて政治党派の幹部となった経済界の指導者で、出身地も浙江・江蘇両省が五割を越えていた（民盟は四割以下）。また平均年齢も民盟より三歳若く、女性の指導部への参加は民主党派のなかで一番進んでいた。[31]

民建のいう「平民」とは具体的にいえば「中間階層」――「民族企業家、手工業者、小商人、工商業従業員、知識分子（公務員・教員・自由職業者）、小地主、富農、中農（自作農および一部の佃農）など」[32]――であったが、指導部の構成から見ても明らかなように、民建の活動の拠点は都市であり、また章乃器らに民衆の政治的能力への不信感が根強くあったことなどを踏まえれば、「平民」の中核として位置づけられていたのは、都市中間層であったと考えても間違いなかろう。少なくとも民建は他の第三勢力の小党派とは異なり、「私人の経営は十分な自由を持ち、多くの法律の制限を受けないと主張した」[33]。この点に民建の民建たる所以が示されている。

成立時に民建が示した政策大綱は当時の理論的な枠組みでいえば、ブルジョワ民主主義的なもの——当面、私有財産制度を否定する社会主義体制への移行は目指さず、議会制民主主義の実現を求めるものであり、民盟など他の民主諸党派との間に決定的な差異を見い出すことはできない。民建も欧米流の議会政治とソ連型の計画経済との結合や、「土地改革」の実施などを求めたのであり、そのための変革の方法として、国共合作の維持を前提に、平和的な方法による「聯合政府」の創出を想定していた。政協において国共両党を含む諸政治勢力は、こうした政治路線を一致して認め定式化した[34]。

この点に関わって注目すべき点は、「民主建国会政綱」が「人民による」政治を、「人民の」政治、さらには「人民のための」政治の前提として位置づけ、これまでの章乃器の思想と比較すれば、若干ニュアンスの異なる立場を示していたことである。章乃器は「政綱」において、無記名普通選挙の実施・議会制度の樹立、法治の実現を求めるに至ったのであり、この点に第二次憲政運動が彼に与えた影響が示されている[35]。

だが他方で章乃器は、「宣言」においてはあいかわらず「民主集中」の貫徹などを求めて、強力な行政府を実現させせようとしており、さらに人民が自発的に行う「下から上へ」の「真実の自治」の実現を求めていた[36]。これらの点を踏まえれば、彼のいう「人民による」政治の内容は曖昧で、「人民の」政治を理念的に追求する傾向を内包していたと考えるべきではなかろうか。少なくとも具体的な政治実践の場では、国民の政治参加や政治制度の充実以上に、言論の自由など「人権」を保障することを求めていた[37]。これは「人民の」政治を実質化することを第一に考えたがゆえの選択だったように思われる。

民建の政治的位置

民建の組織的特徴は図3に明らかなように、指導的幹部は民主諸党派のうち、救国会派・中国民主促進会（民進）[38]・民盟と重なり合うのみで、青年党・国家社会党（一九四六年に民主社会党と改名）との繋がりが無いことである。周知のようにこの両党は民盟から離脱し、第三勢力のなかでは国民党との親和性が高く、一九四六年には「制憲」国民大会に参加してゆく。また国民党左派の流れをくみ、政党的な組織性の強かった農工民主党や国民党革命委員会との関係もない。

民建の成立については、『経済周報』で、共産党員の呉大琨が、中間派は政綱の上では一致しており、人事上での違いによって、各自が一家を構えるべきではない、と団結を求めている。それは民盟から青年党が脱退するとともに救国会の活動が再活性化し内部の対立が明らかになり、また民盟とは別の系譜に連なる民主建国会が誕生した状況を踏まえたものであった[39]。

だが、総じていえば、『経済周報』誌上においても、民建の設立は歓迎されていたようである。というのも『経済周報』は共産党の指導が強調されているとはいえ[40]、実際には民建のメンバーも主要執筆者とし

図3　民主党派関連図　職教＝*人名*　郷村建設＝人名　共産党＝[人名]

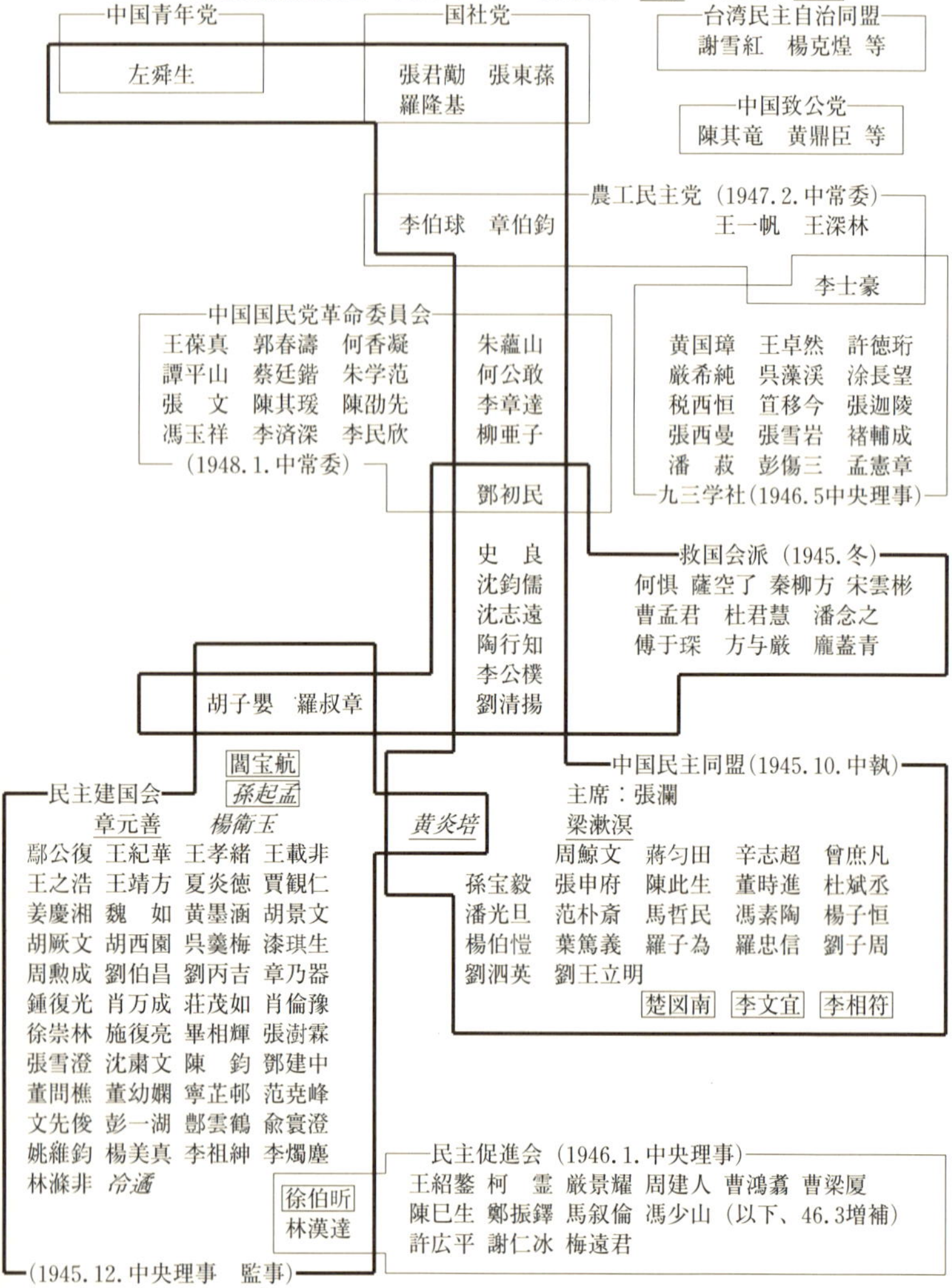

注：人名は（　）内の段階での各組織の中央委員レベルの幹部。但し、青年党と国社党の幹部については民盟と関連する人物だけに限定した。台湾民主自治同盟と致公党も代表的な人物だけ記載している。

て積極的に中小の商工業者の団結を説き、重要な役割を果たしてゆくからである。またリベラルな傾向を持つといわれた『客観』も、民建を名指しはしていないものの、健全な民主主義の実現のためには主として知識界と商工界からなる中間階級が必要であり、いままさにそれは生まれつつあると指摘している。[41]

民建の組織方針

章乃器は民建の「宣言」のなかで、政権獲得の意思を持たないと述べ、また他の政治勢力との連合を希望するとともに、それらに対する批判の自由を保持すると宣言した。その上で彼らは「ただ平民の普遍的な覚悟と広範な団結があって、はじめて本当の平民の世紀を打ち立てることができる。そしてまた平和な世紀の存在を保障できる」と述べ、「平民」の組織化を第一の課題とした。[42]

彼らが都市中間層を組織しようとした一因は、たとえば胡西園の〝開業以来二〇年、組織がなければ自己の意見を「上達」できないと感じた〟という発言に端的に表れているであろう。[43] だがなによりそれは自己の政治的力量に対する自信に裏打ちされていた。彼らは中間派の組織化が中国の建国の要であり、中国人資本家の「企業〔家〕精神」を、株式会社組織によって全面的に発揮させることが、「人民の」政治としての民主の実質化に役立つと力説したのである。[44]

それゆえ孫起孟が示したように、民建は組織化を自分たちの役割に相応しい力量をつけるための政治訓練の場だと位置づけていた。[45] 民建の機関誌『平民』の「発刊の詞」では、次のように生活のなかで民主主義を学ぶ必要性が説かれている。[46]

民主とは一種の新しい生活であり、我々は過去において、まったく民主の経験も習慣も持っておらず、その結果として当然、民主について虚心坦懐に学習しなければならない。まず我々は言論上において、自らの民主的な態度を表現したいと願う。

このように民建は組織化を通じた都市中間層の自己教育・変革の必要性を強調していた。

如上の組織方針――①中国の工業化・民主化の牽引車として都市中間層を位置づけ、②その組織化を通じて、中間層の政治的経験の場を生み出し、批判的精神を涵養する公共な政治空間としようとした――は、章乃器を含む民建なりの「国民」の形成・組織化のための努力であった。

民建の工業建設計画

民建は経済発展のための施策の第一項に、「計画経済」を掲げた。ただし彼らは政府による中小の産業の保護・育成、および保護関税や産業調整などを求めており、この「計画経済」はソ連で行われていた統制経済の導入を目指したものではなく、市場経済を前提として政府による生産支援・調整を求めるというニュアンスが強かった。というのも民建は「宣言」で「計画指導下で企業の自由を十分保障する」としているからである。[47]彼らにとって最も問題なのは無計画で投機的な経済活動により、個々の生産現場が荒廃することであったといえよう。[48]

さらに「政綱」で民建は、「工場会議」の名目で労働者の企業管理への参画を肯定し、労働者の保護を謳っている。人民共和国成立後に強調される「労資両利」ほど、具体的なイメージを持っていたかどうかは判断できないが、中小の商工業者を主体とした政治グループでありながら、民建は労働者保護の立場から、新たな生産現場の構築を目指していたことも注目に値する。土地改革についても、設立当初から関心が寄せられ、それは農民の購買力向上にともなう国内市場の拡大を実現し、中小の商工業者の発展にとって不可欠だとの認識が示された。また地主の資本を工業へ転化させる必要や、農村の復興が工業原料の改良に結びつくことも強調され、工業と農業との関係について積極的に論じていた[49]。

民建は総じていえば「上から」の経済建設のモデルを提起しており、強力な政府が牽引車となって、経済発展を進めるというモデルそのものは、国民党とも重複するものであった。だが国民党と大きく異なったのは、民建が設立の当初から、手工業レベルを含む中小の私営工場の保護を求めたことであった。

この要求はまず国民党による統制の排除という形で展開され、中国紡織建設公司、中国蚕糸公司の解散が明確に要求され、民営企業の抗戦による損失を政府が保障することが必須とされた[50]。民建は経済活動に対する国家の保護・育成という意味での「計画」性を求めるが、個々の生産点のレベルにおける統制・支配を意味する国営・公営企業の過度の発展を避けようとしたのである。

では、なぜ中小の私営工場を守る必要があるのだろうか。この点については、九三学社を組織することになる笪移今が抗戦勝利直後に積極的に議論を展開している。彼によれば、中小企業は遅れた中国の経済発展のためには必要であり、また中小企業が崩壊すれば農業にも厳重な影響を与えるがゆえに、現行の政府による大企業優遇、中小企業軽視政策は間違っている[51]。さらに笪は中小工廠聯合会の組織を中小の私営商工業者の自覚が高まった結果と位置づけ、その要求——政府からの資金援助、政府による貿易統制、政府による買上げ、日本および対日協力者の在華資産を没収・利用した支援など――を肯定的に紹介した[52]。

こうした論調に対して当時の上海論壇には当然反論もあったが、笪移今と同様な議論は民建だけでなく、中国経済事業協進会などからも提起されており、章乃器や中間派的な知識人に広範に共有されていたように思われる[53]。

小結

アジア太平洋戦争の開始によって、中国にとっての愛国の課題が相対的に重要性を薄めたことは間違いない。それだけに国民党・国民政府がその客観情勢に甘え、当面の抗戦の努力を蔑ろにすることへの批判は高まった。第三勢力の知識人にとって国民党・国民政府が愛国の課題を十分に担えないのは、彼らが一党独裁を維持し続けるからだと判断された。また米国からの民主化圧力も第三勢力の民主への要求を大いにあとおしした。こうして民主を求めることが、いままで以上に可能となり、また重要となったと理解されるようになった。

章乃器は抗日戦争の前線＝安徽省から臨時首都・重慶に移ってから、それまでの救国会運動から離れ、工業建設を通じた愛国を目指すようになり、民主についても明確な見解を示さない時期が続いた。彼が第一次憲政運動に関心を払わなかったのはそのことを象徴している。

しかし章乃器も第二次立憲運動には積極的に関与してゆくようになる。同時に自身が企業家となることを通じて深まった商工業者との密接な関係を通じて、彼は人民に由来する政治としての民主を、当面、企業家精神によって実現し、中国の経済建設が「人民のため」の政治だけでなく、「人民の」政治の基礎と認識するようになった。この点が抗戦開始前後までの彼の思想との大きな違いで、章乃器は経済的基礎を有する政治運動の創出を目指すようになった。

それは章乃器が一九三〇年代の知識人のサークルのなかでだけの活動から、再び現実の社会との関係を深めるなかで、中国の工業化・民主化の担い手を発見してゆく試行錯誤の過程ともいえる。章乃器は、安徽省での民衆動員の実践を経て、救国会運動から離脱するという政治的孤立のなか、中国近代化の推進力として都市の重要性を再発見したといえよう。こうして章乃器は民建の指導者のひとりとなった。そして民建の組織の提起者であった黄炎培が、民盟の動きに不満を持っていたといわれることを踏まえれば、救国会という組織基盤から離れた彼にとって、この時期、政治的に新たな活動基盤が形成されたことが理解できる。

とはいえ民建は、そしておそらくその指導者である章乃器も、「人民による」政治の制度論を精緻化するのではなく、観念的に「人民の」政治の重要性を強調する傾向があった。この時期の章乃器にとっての民主は、救国会運動時期の愛国がそうであったように、揺るぎない政治闘争の目的であるとともに、民衆を組織し政治的な圧力団体として機能させ、国民党・国民政府が自らの政策提案を受け入れるようにする手段としても位置づけられていたといえないだろうか。

とすれば、第二次憲政運動に参加して民建を組織した章乃器の思想と行動は、立憲主義と民主を混同することに一役買ったともいえる。そのことで権力を制限する思想としての立憲主義の理念が、つまり「人民の政治」としての民主を保障するリベラルな価値の制度化＝「人民による」政治の重要性が曖昧にされ、あるいは軽視される状況が生み出されたともいえよう。(54)

註

（1）聞黎明『第三種力量与抗戦時期的中国政治』上海：上海書店出版社、二〇〇四年など。
（2）張志譲「当前的憲政運動」鄒韜奮など編『憲政運動論文選集』重慶など：生活書店、一九四〇年、七四頁。
（3）章乃器「論憲政運動」章、前掲『出獄前後』一九三七年、三六頁〔下・三六五頁〕。
（4）褚宸舸「〝憲政〟与〝民主〟的表達（一九四〇～一九四七）——基於数拠庫統計的中国憲法史研究」『杭州師範大学学報（社会科学版）』二〇〇九年一期。
（5）胡子嬰、前掲『灘』六、八頁。
（6）章乃器「物価問題的症結」『大公報』（重慶）一九四〇年九月一五日〔上・四八七～四九四頁〕。
（7）章乃器「由節制遊資説到国民財産総登記」同右、一九四一年一一月二三日〔上・五〇二頁〕。
（8）章乃器「漲価休戦」同右、一九四二年八月二三日〔上・五三三頁〕。
（9）章乃器「論悪性膨張」同右、一九三九年九月二四日〔上・四七二頁〕。
（10）章乃器「戦時経済政策的展望」（原載：『西南実業通訊』五巻一期、一九四一年一二月二六日）〔上・五一三頁〕。
（11）章乃器「中国戦時財政的特質」『大公報』（重慶）一九三九年一一月五日〔上・四八一頁〕。
（12）この間の経過については張瞻天「章乃器創辦企業的経歴」包広仁主編『昆都侖文史』、章乃器専輯、包頭：政協包頭市昆都崙区文史学習委員会、一九九六年が詳しい。また張学継、前掲『章乃器伝』などを参照のこと。

以下の叙述は特に断りがない限り、これらの史料による。
(13) 胡、前掲『灘』八八頁。この発言は一九四〇年末のものとされている。
(14) 同右、五〜六頁なども参照されたい。
(15) 章乃器「抗戦初期在安徽」(一九六八年)〔下・六六一頁〕。
(16) 以下、鄧野「日蘇中立条約在中国的争議及其政治延伸」『近代史研究』二〇〇九年六期。
(17) 周ほか、前掲『沈鈞儒伝』二一六〜二一七頁。原載は国民党系の雑誌といわれる『民意』一七九期、一九四一年五月である。
(18) 国民党が反ソ反共宣伝に救国会派知識人の「公開状」を利用した例としては、王健民「延安的苦悶」『中央周刊』三巻四七期、一九四一年六月二六日がある。共産党の対応としては、「南方局統委関於争取中間分子之経過及其経験報告」(一九四二年七月)南方局党史資料徴集小組編『南方局党史資料・統一戦線工作』重慶:重慶出版社、一九九〇年、七七頁がある。
(19) 胡子嬰「我所知道的章乃器」中国人民政治協商会議全国委員会、文史資料研究委員会編『文史資料選輯』二八冊(第八二輯)、北京:中国文史出版社、一九八六年、八〇頁。
(20) 聞黎明「一九四四年:中国社会的歴史性転捩——兼論民族工商業者〝問政〟的原因」『近代史研究』一九九五年四期、四七頁。
(21) 聞黎明「黄炎培与抗日戦争時期的第二次憲政運動」『近代史研究』一九九七年五期、一五一頁。
(22) 『憲政』については孫笑侠「六〇年前『憲政』月刊的人与事」『法学』二〇〇八年一期なども参照のこと。
(23) 「本刊第三次憲政座談」『憲政』第四号、一九四四年四月一日、三三頁。この時のテーマは「私人資本の制限と私人企業の保護」であった。
(24) 『憲政』第七・八合併号、一九四四年八月一日、三八〜三九頁。

(25)「対旧金山会議応有之建議与努力——本刊第一三次座談」『憲政』一七期、一九四五年六月一日、二〇頁。

(26) 章乃器「後方産業与善後救済工作」『遷川工廠聯合会第八届年会特刊』出版地不明：京華印書館、一九四五年四月、一六、一九頁。

(27)「発刊詞」『平民』一九四六年一月一二日（中国民主建国会中央委員会宣言部編『中国民主建国会歴史文献選編』一、北京：書目文献出版社、一九九二年、五一、五二頁）。なお中国民主建国会中央委員会宣伝部編『中国民主建国会歴史文献選編』一は北京の民主与建国出版社から一九九四年に公刊されている。以下、本史料集に掲載された史料については、〔二・五一頁〕などと示す。またこの史料集は所収史料の出典を明示しておらず、この点については、中国人民大学中共党史系中国革命問題教研室編『民主建国会歴史教学参考資料（民主革命時期）』奥付無を参考にした。

(28) この点に関わって、水羽、前掲『中国近代のリベラリズム』では民建を「中小商工業者のリベラリズム」と位置づけ論じている（三五～四一頁）。ここでは行論に必要な範囲で若干の重複を含めまとめておく。

(29) 以下、民建に関する事実については、特に断らない限り、『中国民主建国会大事記（初稿）』（上・中・下）中国民主建国会中常会・中華全国工商業聯合会史料工作委員会辦公室、油印本、出版地不明、一九八〇年（以下、油印本と略称）および楊栄華『中国民主建国会巻』石家荘：河北人民出版社、二〇〇一年に拠った。また黄炎培の動きについては、平野正「民主建国会の政治路線」同『中国革命と中間路線問題』研文出版、二〇〇〇年、兪潤生『黄炎培与中国民主建国会』広州：広東人民出版社、二〇〇四年などを参照した。その他、中国社会科学院近代史研究所整理『黄炎培日記』全一〇巻、北京：華文出版社、二〇〇八年、胡世華ほか整理『胡厥文回憶録』北京：中国文史出版社、一九九四年などの史料も参照されたい。

(30) 林継庸（一八九七～一九八五）は広東香山の出身。一九二〇年に留米後、一九二六年に帰国して、復旦大学の化学系教授となり、第一次上海事変では一九路軍の技術顧問に招聘された。そのために日本による捕縛の可能性が高まり出国したが、一九三六年に帰国し資源委員会のメンバーとなり、沿海工業の内遷の計画を策定した（陳玉堂『中国近現代人物名号大辞典』杭州：浙江古籍出版社、一九九三年）。なお平野、前掲「民主建国会の政治路線」は林継庸について全く言及していない。

(31)『経済周報』二巻九・一〇合刊、一九四六年三月一四日には、「婦女与経済」という特集が組まれ、執筆者四名のうち羅叔章と胡子嬰は民建の女性幹部である。民建の幹部に女性が多いことは、この組織に一定の影響を与えているといえよう。また『憲政』でも婦女問題が憲政座談会のテーマとなっている。

(32) 施復亮「何謂中間派」『文匯報』一九四六年七月一四日。

(33) 許紀霖ほか編『中国現代化史』上海：上海三聯書店、一九九五年、五八九頁。

(34) 水羽信男「一九四〇年代後半期における中国民主派知識人の国家統合をめぐる論調」横山英・曽田三郎編『中国の近代化と政治的統合』渓水社、一九九二年、八六～七頁。

(35)「民主建国会政綱」（一九四五年一二月一六日）『平民』一・二・三期合刊、一九四六年一月一二日（一・一七～一九頁、下・四四四～四四六頁、以下、「政綱」と略称する）。なお章立凡は史料的根拠は示していないが、「政綱」の他、「民主建国会成立宣言」（以下、「宣言」と略称）、「民主建国会向政治協商会議提供初歩意見」および「民主建国会向政治協商会議提供第二意見」など、多数の民建名義の文献を章乃器が執筆したと判断している（章立凡、前掲『章乃器文集』下）。筆者もさしあたりこの指摘にしたがう。というのも彼の思想とここで説かれている理念との違いを見いだすことができないからである。

(36)「宣言」（一・七～八頁、下・四五四頁）。

(37)「民主建国会向政治協商会議提供第二次意見」『文萃』一七期、一九四六年一月三〇日（一・五四頁、下・四六一頁）。

(38) 民進は一九四五年に抗戦中、上海に留まった民主人士によって組織された。指導者としては、馬叙倫や周建人らがいる。彼らは施復亮らの呈した中間派論を批判し、共産党に接近してゆく。民進については、馬烈『馬叙倫与中国民主促進会』広州：広東人民出版社、二〇〇四年などを参照のこと。

(39) 呉大琨「読中間性各党派経済綱領後的感想」『経済周報』二巻六期、一九四六年二月一四日。

(40) 『経済周報』が共産党の指導を受けていたことについては、「深思和勤奮――秦柳方伝略」による(http://demo.phdcr.com/y˜sqin/My_Webs/fxcl/qlf.htm 二〇〇五年八月二五日閲覧)。また中国新聞人(http://www.xinwenren.com/ArticlePrint.asp ArticleID=1195 二〇〇五年八月二五日閲覧)の「上海新聞」によれば、この雑誌は共産党員・張執一の指導下、呉大琨、呉承禧、謝寿天の三人によって創刊されたという。こうした事情については、水羽信男「共和国成立前後の民主建国会、一九四五〜一九五三年」久保亨編『一九四九年前後の中国』汲古書院、二〇〇六年も参照のこと。

(41) 安平「客観一周」『客観』一二期、一九四六年一月二六日。

(42) 「宣言」〔一・四、九頁〕。

(43) 「民主建国会成立大会記録」(一九四五年一二月一六日)〔一・三〇頁〕。

(44) 「政綱」〔一・二一〜二二頁。〕。

(45) 孫起孟「民主建国会另一面的意義」『平民』民建成立紀念専刊、一九四六年一月一二日(中国人民大学中共党史系中国革命問題教研室編、前掲『民主建国会歴史教学参考資料』五三頁)。

(46) 前掲「発刊詞」〔一・五二頁〕。

(47) 「宣言」〔一・八頁・下・四五四頁〕。

(48) 一九四七年に入ってではあるが、孫暁村は中国の工業は終始、計画が無い。儲かるとなれば、その業種に集中し、結局過剰生産に陥る、と批判している(孫暁村講「怎麼研究現階段工商経済問題」『経済周報』四巻一二期、一九四七年三月二七日)。

(49) 同様の議論は、陳勁寒「農業改革与工業化」『客観』九期、一九四六年一月五日でもみられる。

(50) 前掲「民主建国会向政治協商会議提供第二次意見」〔一・五七頁・下・四六三頁〕。

(51) 笪移今「令人着急的問題」『客観』一二期、一九四六年一月二六日など。

(52) 笪移今「扶植中小工業」同右、一四期、一九四六年二月一六日など。

(53) 笪移今への実質的な批判としては、伍敬元「国家資本与私人資本」(正・続)『客観』一〇期、一一期、一九四六年一月一二日、一九日がある。ここで伍は、私人資本の放任は工業化を妨害し、国家を混乱させる。中国に必要なのは、放任経済とソ連型の公営経済の中間であり、接収企業は国営ないしは高価で売る必要がある、として「中紡」「中蚕糸」は比較的人を満足させると述べている。これに対して、笪移今は現実を知らない学者が実質的には政府の方針を支持する、と暗に伍敬元を批判した(「国営民営之争」『客観』一三期、一九四六年二月九日)。また中国経済事業協進会の活動については、「政治協商会議召開前夕重慶経済界的活動」『経済周報』二巻二期、一九四六年一月一〇日などを参照のこと。

(54) 毛沢東の〝憲政は民主である〟とのテーゼによって、こうした状況が生まれたと批判するのが、褚、前掲「〝憲政〟与〝民主〟的表達」である。

第四章　民主建国会と章乃器

問題の所在

本章では一九四五年一二月に成立した民建での章乃器の活動について、一九四九年の中華人民共和国の成立をはさんで、一九五三年の「過渡期の総路線」の提起までの時期を扱う。

民主建国会の成立直後の一九四六年一月、政治協商会議が国共両党に民盟などを加える形で重慶において開催された。その決議は「人民の人民による人民のための」政治を体系的に論じ、民主的な政治の実現によって国民党による一党独裁体制の変革を求めるものであった。民建はこの決議を実現するために活発な活動を展開した。

それは国共内戦が激化するなか、中間派論として提起され、共産党系の知識人との間で論争的局面を生じた[1]。この論争に章乃器が直接関与した形跡はないが、共産党系の論者は論争を通じて国民党か共産党かという二者択一的な選択を人々に迫った。同時に愛国をめぐっても親米か親ソかという対外的な問題が、親国民党か親共産党かという国内の問題と無条件で結び付けられ、当時の中国の政治状況は極めて緊張したものとなった。

その結末は周知のように、一九四九年の共産党の軍事的勝利、そして第三勢力を含んだ人民政治協商会議による中華人民共和国の成立に至る。中華人民共和国の成立にともない、章乃器は糧食部長などトップレベルの行政職についた。共産党との微妙な関係をたもってきた章乃器であったが、彼は共産党によって重用されたといえる。共産党は当時長期に亘り平和的な手段で社会主義へ移行すると約束していたが（「新民主主義革命論」）、それは一九五〇年の朝鮮戦争の開戦までは守られる可能性もあった。だが朝鮮戦争の勃発は共産党に戦時体制の構築の必要性を感じさせ、彼らは急速な社会主義体制の建設に向かって政治の舵を大きくきることになった。その指標は一九五三年の「過渡期の総路線」の提起であった。本章の終点とする所以である。

一九四九年革命によって翻弄された社会層の一つは、共産党統治下の大陸に留まることを選択した商工業者たちだが、本章ではまず章乃器、そして彼が指導者の一人である民建が、中華人民共和国の成立に深く関与してゆく、そのありようを考察する。その上で社会主義改造へと向かう人民共和国政府のもと、商工業者たちの権利を守ろうと努力した章乃器の思想と行動を中心にして、愛国と民主をめぐる問題について考察する。

第一節　戦後内戦期における章乃器

重慶・「較場口事件」

政協に参加できなかった民建は、一月一一日に人民救国会などとともに陪都各界政治協商会議協進会（協進会）を組織した。協進会内部の指導権については、その詳細を明らかにしえないが、協進会が遷川工廠聯合会の所在地で成立し、民建が活動経費五万元を負担したことなどからみて、協進会内部において民建が重要な役割を果たしたことは明白であろう。(2) 政協を「流血のない革命」とまで評していた協進会は、二月一〇日午前九時半より較場口広場で陪都各界慶祝政治協商成功大会（成功大会）を開催する旨、全市へ告知した。(3)

だが会場で暴徒が騒ぎだし、成功大会は流血の惨事となった（「較場口事件」）。協進会側は成功大会籌備会（籌備会）における事前の議事進行の打ち合わせを無視して、即時開会を口実に騒ぎだした一群の暴徒と、重慶市農会理事の劉野樵らが強引に大会の主導権を握ろうとして混乱が起こったと主張し、「較場口事件」が国民党の計画的な妨害であることを示唆した。(4)

一方、国民党は機関紙『中央日報』などを通じて、混乱の原因は民建を中心とする籌備会が大会議長団を組織する際、農会・商会など法定団体を排除したことにあると論難した。(5) 国民党は自らの側が民主的な立場に立っており、籌備会側は運動を私物化していると主張し、運動の公開性を求めるという論法で世論操作を試みたのである。

また「各界伸長正義会」という国民党系の組織は、事件の責任者として李公樸・章乃器・施復亮・朱学范を名指しで糾弾し、民建・育才学校・中国労働協会の三団体の解散を求めている。国民党は章乃器や施復亮らを指導者とする協進会の活動を通じて、育才学校・中国労働協会などの労働者を含む団体が、企業家を含む民建と共闘関係を結ぶことを怖れたのである。民建などによる成功大会の準備活動は、中間層の組織化の面で、一定の成果を挙げつつあった。(6)

こうした国民党の対応は、国共間の軍事衝突の進展にともなって政協決議の受け入れを躊躇しはじめた国民党内部の事情に起因しており、「較場口事件」の後、一九四六年三月、国民党は六期二中全会で政治協商会議決議を実質的に破棄し、六月には国共内戦を本格化する。他方、民建は四川省など奥地へ移動した企業が上海へ帰還するのにともなって、一九四六年四月、総部を上海へ移動したことを正式に宣布した。章乃器もまた同年五月、重慶より上海へ移った。

上海における都市中間層の組織化

一九四五年八月の抗戦勝利後、国民党は政権党として中国の政治・経済・文化を支配する上で、決定的に重要な上海の掌握に取り組んだ。都市中間層の把握もその政策の一環であったが、国民党はまず商工業者の統制を目指し、彼らの再組織化に着手した。一九四五年九月一七日、上海市商会を正式に回復し、また同月初めから日本占領下におかれた各同業公会の再審査・再登録を開始したのである。その結果、全面抗戦勃発前に二三六あった同業公会は、四五年末の段階で二〇二が再審査に合格し、一一の新設公会とあわせて二一三の公会が登録された。(7)

全市レベルでの同業公会の掌握を前提とし、国民党は一九四六年に入ると上海における工業の発展に尽力した。国民党の復興策を一つの重要な要因として、中国経済は次第に戦前の水準を回復しはじめた(8)。国民党はまた上海市臨時参議会を一九四六年三月に組織し、ごく限定的ではあるが、都市中間層が市政へ参加できるようにし、自身の支持基盤を強化しようとした。四月には参議員選挙を行い、都市中間層に選挙権を与えることで、その支持を獲得しようとしている(9)。

とはいえ国民党は保甲制の堅持など一党独裁体制の維持を基本的な方針とし、主要な接収企業を国営化するなど、民間企業ではなく国民党系の企業（当時は「官僚資本」と呼ばれた）を優遇した。また対外的には自由主義貿易を採用して、大量の米国商品の中国への流入を黙認した。こうした国民党の上海統治の現実に対して、満足しきれない都市中間層も存在していた。たとえば、一九四九年に民建の上海残留臨時幹事会幹事として、共産党軍の上海入城を迎えることになる笪移今は、一九四六年二月、中国における民主化推進のために、「反封建反官僚的な工業化」を進めることの重要性を指摘している。笪は国民党への批判を込め、「経済の遅れた社会では、民営企業が政治的な民主化を進める基本的な動力であり、ただ民営工業が発展してこそ、やっと民主政治は拠るべき基礎を獲得できる」と強調した(10)。

その後、東北における内戦の危機が深まるにつれて、国民党とは異質の独自な中間層の組織化を目指す動きも目立ってきた。その動きの中心の一つとなったのが、一九四六年春、活動の舞台を重慶から上海へ移した民建であった。当時の上海では遷川工廠聯合会上海辦事処の活動が停止させられ、全国工業協会の活動も停滞していた(11)。五月二三日には中国全国工業協会の上海分会が成立したが、一八〇の単位、二五の同業公会で当地の工業界のごく一部だと評された。[12]
そこで彼らは一九四六年四月の上海での第一回常務理事監事会において、最初の組織活動として上海人民団体聯合会（人団聯）への参加を決定した。[13] 民盟、民進、民建、救国会など五二団体が、五月五日に組織した人団聯の理事二九名のうち、少なくとも七人（王紹鏊、胡厥文、胡子嬰、徐伯昕、沈粛文、羅叔章、林漢達）は民建のメンバーであった。[14] また人団聯が六月に南京へ派遣した上海各界赴京請願団（赴京請願団）のメンバー一〇名のうち、五名（閻宝航、胡厥文、盛丕華、張絅伯、包達三）が民建の指導者であり、赴京請願団の秘書であった胡子嬰も民建幹部であった。[15]
人団聯は成立宣言において、「組織があって団結でき、団結がすなわち力である」と、民建と同様に、民衆団体の連合の必要性を強調し、その上で〝内戦制止、保甲制度反対、戒厳令の取消、民主的な選挙による地方自治の実現、民営企業の発展〟など一七項目を要求した。[16]
人団聯に引き続き、一九四六年五月二〇日、経済周報社、銀行学会、現代経済研究所が上海各経済団体聯誼会（経団聯）を成立させた。[17] この一連の動きは共産党による商工業者に対する統一戦線工作だといわれるが、[18] 民建からは胡子嬰・王紀華・章乃器・施復亮・張絅伯・兪寰澄や盛丕華などが参加しており、経団聯も民建の影響をかなり受けていたのではないかと推測される。いずれにしても経団聯の成立大会の討論では、名誉会長の馬寅初が「官僚資本」を非難しただけでなく、兪寰澄や章乃器が、馬の提起した「聯邦自治」に賛意を表したりしている。[19] また経団聯は精力的に経済座談会を連続開催するなど、都市中間層の獲得のための努力を継続した。

また民建の中央理事で、中国工業協会（工協）の幹部でもあった呉羹梅は、一九四六年二月の座談会で、大部分の商会を「買辦と封建勢力」の利益を代表するものとみなし、商会のなかでは工業界は僅かな発言権しかなく、「工業の前途を計るため、我々工業界は必ず商会を離脱し、一個の独立した組織を成立させる」べきだと述べていたが[20]、五月に入ると、工協幹部の呉蘊初も同業公会の組織化に努力していることを明らかにしている[21]。

民建と工協の組織的な関係は不明であるが、工協は一九四三年、重慶に移った企業家が抗戦支援と、奥地の国民党統治区の産業資本家の保護・育成を目的として組織したもので、抗戦中から憲政運動に取り組むなど国民党へ批判的な立場を示していた。また指導者のうち呉羹梅だけでなく、呉蘊初も四九年革命に際し大陸に留まるなど、民建との親和性を持っていた。工協の組織的発展は、民間の工業資本の一部が、国民党の統制から離脱し、自立性・自主性を強めようとしていたことを意味していた。五月二三日、中国工業協会上海分会が成立した[22]。さらに上海市商会と全国工業協会上海分会が八月に南京へ出向き、国民政府に対して請願活動を始め、その機会を利用して民建と工業界の連携が模索されてゆく[23]。

民建の社会主義と中間派論の提起

民主建国会は政治協商会議の決議に基づき、平和的・合法的な手続を通じて中国を民主的に変革することを求めたが、その望みは一九四六年夏からの国共内戦の本格化によって阻まれてゆく。この年七月の李公樸（抗日七君子）、そして彼に続く聞一多（西南聯合大学教授、民盟の指導者）の昆明における暗殺は、国民党の内戦の対象が共産党に限られないことを象徴していた。さらに国民党は共産党および民盟などの反対にもかかわらず、国民大会を一九四六年一一月に強引に開催し中華民国憲法を制定した。

一九四六年の中華民国憲法の内容は、その後、一九八〇年代の台湾の民主化の根拠になるほどに整備されたものであり、「人民による」政治の制度化の当時における集大成というべきものであった。しかしながら、その制定過程における国民党の強引な政治運営は共産党だけでなく、民盟の憲法制定国民大会への不参加という事態を導き、第三勢力のなかのかなりの部分に国民党への批判を強めさせた。それは「人民による」政治そのものの実効性への疑いも生じさせかねないものだったといわざるをえないだろう。

他方で、同月、国民党は中米友好通商航海条約を結ぶなど、米国との自由貿易に突き進んだ。経済の面でも国民政府は米国の要求に応じ、その結果、米国製の安価で良質な商品が大量に流入し、中国経済を崩壊に向かわせたのである。

これらの一連のできごとは、中国の政治・経済状況を大きく変えてゆく転機となった。こうした状況の変化に対応して、民建は一九四六年夏に経済変革、すなわち「人民のための」政治を実現することの前提として、政治変革の必要性をこれまで以上に強調するようになる[24]。同時に『経済周報』の紙面では、土地改革について関心が高まってゆく[25]。彼らは経済問題を解く鍵は政治であり、全国の商工界人士を本当に代表する組織の成立が必要だと強調した[26]。ここでいう政治問題の解決とは政治協商会議決議の実現を意味しており、「人民の」「人民による」政治の実現であった。

さらに民建は一九四六年秋、「人民のため」の政治の実現である社会主義への道の長期的展望を提起しはじめた。たとえば章乃器は、もし資本主義を飛び越えて社会主義にゆくと考えるならば、それは間違いだと強調しながらも、その発展によって長期的な課題として社会主義の実現を見通したといわれる(27)。こうした発言は、彼が生産力の増強を第一の課題とすべきであり、工業化を国家政策の第一位に要求していたことと密接に関連していたと思われる(28)。章乃器とともに民建のイデオローグだった施復亮も、政治路線上は英米路線を歩み、経済上ソ連の社会主義路線を歩むというのは不可能であり、当面は民主的な権力のもとで、経済上は資本主義の道を歩み、産業資本を拡充することが重要だとしつつ、将来の社会主義実現を展望したという(29)。

ただし、ここでいう社会主義とは「近代以降の資本主義の矛盾を背景として現われ、それを緩和ないし解消しようとする思想」というほどのものであり(30)、当時の英国労働党などが標榜していた社会民主主義と質的に近いものだった。日本社会党を持ち出すまでもなく、当時の社会民主主義者の言説にもマルクス主義的な〝生産力の発展が生産関係を改変する〟という発想や、〝五段階発展論〟的な「世界史の基本法則」を前提としたかのようなものが少なくなく、中国における章乃器らのあれこれの発言も共産党が標榜したマルクス・レーニン主義とは区分しておくべきものである。その根本的な相違点は、後述するように階級闘争に対する観点の違いにあった。

民建は（広義の）社会主義理解を活動の前提としたが、彼らが社会主義を展望した一九四六年秋は憲法制定のための国民大会が開催される時期にあたり、翌年一月の民盟二中全会の開催を目前にしていたことは留意しておく必要がある。この国民大会への民主社会党の参加などによって民盟の分化が進む一方、国民党による統治が憲法制定により強化されるなか、民建の指導部では、新たな中国の建設にむけての理論的な検討が深められていたのである。

一九四六年末には民建の運動論として中間派論が提起され、共産党系の知識人の批判を呼び起こした。以後、一九四八年にかけて中間派論争ともいうべき厳しい論争が三度にわたり繰り返された。章乃器がこの論争に直接関与した形跡はないが、彼とともに民建を指導した施復亮がこの一連の論争の一方の当事者となった。施復亮はあくまで政協決議の実現を求め、たとえ共産党と共闘するとしても自らの自律性が重要だと繰り返し強調した(31)。

こうした立場は一九二〇年代から章乃器にも一貫してみられるものであり、民建は総体として共産党とは異なった立場から、独自に資本主義の矛盾の激化を回避した新たな社会民主主義的な諸政策の実現、つまり彼らなりの「社会主義」中国樹立の方向へ、中国の私営工商業者を組織しようとしていたといっても良いように思われる。

それに対して、共産党系の知識人は内戦が激化した段階では中間の道はありえず、国民党か共産党かという二者択一的な選択をしなければならない、と強く人々に求めるようになってゆく。彼らからみれば、中間派論は国民を国民党への戦いに導くうえで、極めて危険な阻害物であるかのようだった。こうした激しい批判は、民建の中間派論がそれなりの支持を広げつつあることに対する共産党系知識人の反応という側面もあったと思われる。

他方で米国は戦後まもなくすると日本の戦後復興を支援しはじめるが、米国のこの政策に追随する国民党に対する怒りは、一九四六年から中国のメディアに次第に登場しはじめ、世論における愛国論を急速に高めた。一九四七年に入ると米国の支援による日本の経済復興に対する関心がさらに高まると同時に、米国の対華政策への危機感をつのらせながら、『経済周報』を拠点とした知識人は、それまでの要求を粘り強く提起してゆく[32]。内戦が激化するなか、民建の理論家は改めて中国の経済問題は政治問題であると指摘し、政治を変えなければ、経済を変える事はできないという立場も繰り返し表明した[33]。

たしかに章乃器も、民建は「つねに工商界の指導者をはげまし、公開的に内戦に反対し平和を勝ち取ろうとしてきたが、参加者はいまだに僅かである」と認めざるをえなかった[34]。政権党の民衆把握の能力を軽視してはならず、民建は「中間派」路線を充全に実現するほどに、都市中間層の組織化を進めえなかった。だが、少しずつではあれ都市中間層の組織化が進展していたことも否定できまい。それが一九四七年になっても民建の政治路線＝「中間派」論が繰り返し提起された、彼らなりの根拠であった。

内戦の最終段階と章乃器

政治・経済における失政は、一九四八年に入ると国民政府の支配の正当性に対する疑念・批判を根本的な次元で強めた。こうして共産党系のメディアは、前述したように国民党政権を米国に追随する売国政権と罵倒し、自らを愛国の担い手として描き出し、中国の民主化は米国に追随する国民党政権の軍事的打倒により実現されると強調し、世論を組織しようとした。だが、当時のマスメディアを統制していたのは国民党・国民政府であり、彼らは自らこそが愛国者であり、ソ連のいいなりの共産党を殲滅することが中国の民主化にとって不可欠だと強調した。その影響力を無視することは、当時の政治情勢を見誤ることになる。中国の言論空間では、反米＝親共産党＝親ソか、親米＝親国民党＝反ソかという極めて図式的な構図で、愛国と民主が論じられるようになったのである[35]。

こうして内戦の激化にともないメディアとその影響を受けた世論のなかでは、国民党か共産党かという議論が、今まで以上に幅を利かせるようになるとともに、それまで中間派論を提起していた知識人からも、共産党の武力闘争を是認するような議論も提起されはじめた。民建の中間派論がそのまま受け入れられる可能性は、しだいに無くなりつつあったし、彼ら自身もそれまでの中間派論の延長線上とはいえ、共産党を支持する立場を明示しはじめたのである。

すなわち一九四八年の春になると、リベラルな雑誌といわれた『観察』でも共産党の革命闘争を支持する人々が現れ、土地改革も肯定的にとらえられるようになった[36]。四月末には共産党は新たな政治協商会議を開催し、新国家の樹立をともに話し合おうと、民盟や民建などの小党派に呼びかけを行っていた。民建は他の小党派と比べると対応がやや遅れるが、新政治協商会議への参加を表明する。

一九四七年一〇月に民建の指示で香港へ出向いていた章乃器も、一九四八年下半期に胡子嬰への電文で、「大兄〔共産党〕の事業は壮大で、その前途は光明に溢れている」と述べ、共産党への傾斜を示したといわれる[37]。民建の幹部の施復亮も「悲惨な厄運から逃れるためには、ただ迅速に多数の人民の力で内戦の終結をはかり、平和を恢復して、本当に民主主義を実行し、経済建設を進めるしかない」と指摘した。施復亮は婉曲な表現だが、国民党を軍事力によって打倒する必要性を主張するようになったといえよう[38]。

民建は共産党の武装闘争を民主を実現する方策と位置づけ、社会主義への転換を共産党とともに担おうとしたのである。章乃器も一九四八年末には香港から東北解放区（瀋陽）へ逃れ、一九四九年一月二二日に沈鈞儒・馬叙倫・李済深・章伯鈞・譚平山など五四名とともに「時局に対する意見」を発表し、共産党の革命指導権の承認を表明した[39]。こうして章乃器も彼が指導者の一人である民建も、ともに人民共和国の成立に深く関与したのである。

なぜ第三勢力の多くの人々が共産党の革命を支持したのかについては、さらなる検討も必要であろう。だがさしあたり共産党が示した新たな政府の政策体系が、民建の政治綱領、一九四六年の政治協商会議の決議など、一貫して第三勢力が求めてきたものと基本的に一致していたことが指摘できる。一九四九年革命に至る過程で、第三勢力はそれまで求めてきた三権分立の実現や地方自治の充実――たとえばアメリカ合衆国に準じて省憲法の制定権が想定されていた――など、「人民による」政治の面で譲歩を重ねた。今日からみれば、その誤りは明白だともいえるが、一九四九年は共産党と第三勢力の協力に基づく、「人民の」「人民のための」政治の実現と理解されたことは、否定できない[40]。

また共産党との関係について、章乃器はどのように考えていたのであろうか。彼は前述したように自らが執筆した民建の「政綱」で、あらゆる政治勢力に対する批判の自由を留保すると主張していた。また章乃器は自らが理想とする社会を描く際に、トロツキーを含むソ連の多数の政治犯の釈放を要求しており、一九三〇年代のトロツキー派に対するスターリンの粛清についても、批判的な立場をとっていた[41]。章乃器は共産党の独裁傾向を危惧していたがゆえに、国民党打倒に全力をあげながらも、共産党に対する中国人商工業者の自律性・独自性を擁護しようとしたといえる。

たとえば章乃器は一九四九年の九月の段階で、民衆運動においては敵がいなければ動員も無い、と敵をつくりがちな革命運動の現実を議論の前提として認め、革命の過程で「行き過ぎ」が起こりうることを承認した。(42)章乃器は「正しい」政策を遂行するために、人々の憎悪に火を付け民衆動員を有利に進めることを恐れなかったといえる。章乃器は運動の「行き過ぎ」によって、ゆえなく抑圧される側に極めて深刻な事態の受容を迫ることも辞さなかったのである。こうした議論は政治闘争に勝つことだけを目的とすれば、現実的な判断だったのだろう。

だが、章はその「行き過ぎ」を一時的なものに止めようとしたように思われる。少なくとも「民族資産階級」については、彼らに対する批判を抑制する必要性を理論的にまとめようとしている。すなわち章乃器によれば「民族資産階級」は敵のようだが敵ではない。なぜなら、ただ利だけを求めるならば、彼らは生産事業などには従事しないからだ。章は投機活動ではなく、工業建設を進めることで国を救うとする「設廠救国」論的立場に立つ商工業者の愛国心を代弁したのである。また一九四九年四月の劉少奇の天津講話を引き、現在の中国の状況では私営の商工業者の発展が必要だと述べてもいる。さらに章乃器は、右傾の誤りは労働者がチェックするため少なくなるが、左傾の誤りは商工業者が糺さなければならないと主張し、国家の主人としての商工業者の主体性の発揮を求めていた。

因みに文革時には劉少奇批判の根拠の一つとされた天津講話とは、資本家が自らの工場の生産を拡大することで、これは客観的にいえば資本主義の搾取の範囲を拡大することであるが、中国の目前の条件の下では許容されることであるだけでなく必要なことであり、労働者と国家社会とにとって有利であり、それゆえに適切なことでもある、と主張するものであった[43]。

第二節　一九四九年革命後の章乃器・民建と共産党

過渡期の総路線以前の章乃器

一九四九年一〇月、中華人民共和国は冷戦のなかで生まれ、冷戦を激化させるひとつの要素となったが、米国の極東政策の遂行を阻止・抑制しうる存在として、アジア・アフリカなどの民族的独立・自立を求める諸民族の共感を得た。また日本の民主化運動にとって、有利な条件を作り出したことも否定できないだろう。対内的には「人民政治協商会議共同綱領」に示された国営・公営経済の指導のもとで私的資本の発展を図るという経済建設の方向は、土地改革の推進とともに中国の生産力を高め、民主化を進める可能性を持っていた。

民建からみれば「共同綱領」の構想は、保護貿易や金融政策などの面を含めて、一九四五〜一九四九年の自身の工業化要求との類似性が大きかった。したがって人民共和国成立後の民建の課題とは、彼らが追求してやまなかった自律性をいかにして保持してゆくかであった。もし民建が独自性を持ち続けることができれば、商工業者の共産党に対する批判の自由も保障されるはずであった。

章乃器は新政権のもとで財経委員会委員などの職につき、朝鮮戦争の開始後の一九五二年には国務院糧食部長に任じられた[44]。民建は共産党によってその組織対象として「民族資産階級」を割り当てられ、彼らと共産党との橋梁たることが求められた。「民族資産階級」には比較的規模の大きな中国人資本も含まれていたが、彼らを含め商工業者は民主建国会に組織されてゆくことになったのである。

当時、章乃器は愛国の課題に対して、中国の反帝国主義闘争を国際的な運動の一環として位置づけ、人民共和国建国当初、「帝国主義集団はマーシャルプランの災難を西ヨーロッパからアジア・オセアニアへ拡大しようとしており、これが進行中の太平洋同盟である」と述べ、アメリカ合衆国の国際戦略に対抗するために、連合すべきパートナーとして、ソ連および東欧の人民民主主義国家だけではなく、アジアの反植民地主義勢力も含めるべきことを示唆している[45]。

さらに章乃器は米国を中心とする資本主義陣営の中国敵視政策に強く反発し、中国の反帝国主義運動を支えるために愛国意識を高める必要性を強調し、朝鮮戦争開始の危機が深まるなか、次のように述べた[46]。

帝国主義とその走狗との復活運動に対する反抗を継続し、民主と平和とを共同して保障するという、世界が我々に与えた任務を切実に担うために、民族の自尊心と自信力とを高めることが絶対に必要である。

彼にとって「民族の自尊心と自信力」＝愛国意識とは、国際的には反帝闘争を支えるものとされ、単に中国一国を愛するだけにとどまらない広がりを持っていたといえよう。

また国内問題に関しても「我々の国家が新しい国家であり、〔我々が〕やっと帝国主義とその走狗とが統治するという悲惨な運命のなかから解放された民族であるがゆえに……民族の自尊心と自信力とを高めることが絶対に必要である」と述べ、中国自身の発展の鍵としても愛国意識を高めることを重視した[47]。

章乃器は〝何が愛国なのか〟ということについて、明確に説明していないが、本書で縷々指摘するように彼は共和国政府の閣僚の一人として中国の経済建設の必要性を繰り返し強調し、「新民主主義」の理念を掲げた共産党の経済政策を擁護・補完する言論活動を展開していた。この点を踏まえれば、少なくとも彼にとっての愛国の具体的な内容の一つは、「新民主主義」的方法で中国経済を発展させることであったと考えられる。また、中国の富強化は愛国意識をさらに高める条件となるであろう。

章乃器は愛国の担い手に関して、共産党や他の民主人士と同じく、一九四九年九月の「共同綱領」でいう人民民主統一戦線を構成する諸階級・諸階層――「労働者階級・農民階級・小ブルジョアジー・民族ブルジョアジーおよびその他の愛国的民主分子」――を想定していたと思われる[48]。

だが、彼の経歴からか、主として私営の商工業者について論じ、彼らの積極性を引き出すことを目的として、先に紹介した資本主義の存在意義を積極的に承認した劉少奇の天津講話を引用している[49]。建国後においても章は共産党の商工業政策を補完するために、「多くの私営商工業者が経営を行ってはじめて、広大な人民の要求を満足させることができる」と述べ、彼らの「国民経済の発展」に対する重要な役割を指摘したのである[50]。

当時の民建の任務は、単に工業化に関わる問題に限定されず、土地改革にも積極的に関わることになった。民建は成立当初から土地改革を国内の原料・商品市場の拡大にとって不可欠の課題としており、政府の土地改革を積極的に支援した[51]。同時に、それは天津の商工業者の二〇%、武漢の八〇%、長沙の九〇%が地主だったといわれることにも関連していた[52]。当時の商工業者は土地改革を通じて、より革命化することが求められていたといえよう。

だが章乃器は土地革命の過程で富農を保護し、「有効に生産力の回復と発展とを保障し、〔農業生産力に〕あるべからざる損害を受けさせないようにしなければならない」と述べ、富農経済の重要性も指摘している[53]。

章乃器の言論活動は共産党の経済政策の枠内にあり、自らの行政的責任を果たしたものといえるが、彼の特質は民族資本家が「中国の独立・民主・平和・統一および富強」を実現するために努力してきた側面を強調している点であろう。章乃器は一九五〇年一二月に「中国の民族商工業者は愛国主義的な伝統を持っていた」と指摘している[54]。それゆえ彼を指導的幹部の一人とする民建は、一九五〇年のメーデーにおいて「偉大な革命のさなかにおいて、我々民族商工業者が尽くした力量は非常に薄弱で、遺憾の意を表示すべきである」としながらも、次のように述べた[55]。

過去の長期にわたる反動統治のもとで培った過度に警戒する自己卑下の心理を放棄しなければならない。……共同綱領の指導のもと、人民は完全に平等でかつ十分な自由の権利を有している。

さらに章乃器はこれらの権利を民族資本家は十分に行使する責任がある、ととらえていた。たとえば彼は政府の経済計画に対する民族資本家の参考意見の提出と、政府案に関する論議とを「工商業者の民主的権利の一つ」と明確に位置づけるとともに[56]、民族資本家は「積極的に自己の意見を提出し、積極的に国家の状況を共同して管理しなければならず、そのようにしてやっと新国家の主人というにふさわしいのである」と述べた[57]。

章乃器によれば経済的・政治的な諸権利を保障されるがゆえに、中華人民共和国は愛国の対象となりうるのである。この点に関して章乃器は、商工業者を含む愛国的な「民主人士」は、自らが政権を掌握している中華人民共和国の「力量がいかに偉大で、いかに愛すべきものであるかを知っている」と指摘した[58]。その意味でいえば愛国の一つの表現形式は「人民の」政治としての主体性の発揮でもあった。章乃器における愛国と民主は、このように統一的に認識されていた。

では、中華人民共和国建国前後の時期における章乃器の民主に対する理解は、どのようなものであっただろうか。この問題に関して章乃器は自らの見解を十分に展開していないが、断片的な発言から次のような諸特徴がうかがえる。

第一の特徴は資本主義国の議会主義に対する否定的態度で、新中国建国前夜から民建を代表して章乃器は「旧民主主義の議会政治は、ただ民主的な形式をとどめているのみで、もはや民主の内容を棄て去っている」と見なした[59]。さらに彼が前記の発言に先立ち、「旧民主主義の観念」の桎梏から解き放たれなければ「新しい知識は容易には受け入れられない」と述べたことは、彼が資本主義国の民主主義が生み出した複数政党制などの普遍的な価値、すなわち「人民による」政治の制度的な保障の意義を積極的に認めていたかどうかを疑わせる[60]。

しかし、一方で章乃器は建国直後の都市の経済には、ある程度「反革命」的な要素も含まれるが、「これはけっして人の問題ではなく、制度の問題である」と見なしていた。[61] こうした主張の背景には建国当初より見られた共産党による人権の軽視――たとえば確かな根拠もなしに「反革命分子」として逮捕し、まともな裁判もなしに処刑することなど――に対する危惧があったと思われ、彼は革命前の経済制度のなかで培われた個々人の反革命的な行動は、社会制度を改革してゆくなかで克服することが可能であり、個人の人権はもっと重視されるべきだと考えていたといえよう。

さらに章乃器は東北の見聞記のなかで、地主への報復のないことを高く評価したが、[62] 一九五〇年六月には次のように述べて、地主への非人道的な対応を厳しく批判した。[63]

土地改革法案は肉刑〔＝身体を棄損する刑罰〕やむやみに人を殴ったり、殴り殺したりすることを禁止しており、これらの行為は封建的である。しかし「その人の道をもって、かえってその人の身を治む」という報復主義の下では、封建制に反対する人が、封建的な手段で敵に対することを免れ難い。

この章乃器の発言は共産党批判、実質的には毛沢東批判をも含意していたと思われる。というのも章乃器の発言は、毛の次の言葉を踏まえたものだと判断するからである。[64]

宋代の哲学者朱熹はいろいろな書物を書き、いろいろなことを説いたが、みんなから忘れられている。しかし、まだ忘れられていないかれのことばに、『すなわちその人の道をもって、かえってその人の身を治む』というのがある。

人民共和国の幹部のひとりである章乃器が、毛沢東の当該論文を読んでいないとは考えにくい。あらゆる権威・権力に対する批判の自由を保持しようとしたものといえよう。とすれば、章乃器も彼なりの人権意識に基づき人身保護の必要を説いたのであり、決して個の尊厳というリベラリズムの根底的な価値を軽視していたとはいえない。

ともあれ、章乃器は論議を尽くすことによる合意形成を彼のいう民主の根本的な理念とし、次のように指摘している[65]。この点が彼の民主主義観の第二の特徴である。

法令の制定は、必ず民主的な討論を経なければならない。さらに討論においては「多数に服従する」という原則の下に「少数を尊重する」という規律に十分に注意し、繰り返し検討し、詳細を究めることを厭わず、各個人が意志を疎通させるまでに至り、〔少数者が多数者の意見を〕心から受け入れて後に〔討論を〕止めるようにしなければならない。

彼には「人民の」政治としての民主実現へ向けての強い意思があったことは間違いないが、その実現の方法について明確なヴィジョンを持っていなかったのである。

過渡期の総路線と章乃器

共産党の掲げた新民主主義革命論は、当面、資本主義的な経済発展を認め、「民族資産階級」をも「聯合独裁」の担い手の一つと位置づけ、広泛な社会層との間で統一戦線の構築に成功した。だが、一九五〇年六月の朝鮮戦争の開始にともなって状況は一変した[66]。

共産党は米国との戦いのために、国内の物的・人的資源の動員をはかり、抗米援朝・土地改革・反革命鎮圧の三大運動を開始したが、それだけでなく一九五一年五月に『武訓伝』批判を始め、マルクス・レーニン主義・毛沢東思想による思想改造運動も進めた。また一九五一年末から三反運動（政府部門に対する統制の強化）が、翌年一月には五反運動（「資産階級」に対する統制の強化）が始まり、こうして民間の商工業者の存立基盤は、思想的にも経済的にも一九五二年末までに大きく揺らいだ。

民建も他の民主諸党派とともに、三大運動に積極的に参与する。また「民族資産階級」の組織として増産節約運動を展開し、戦争遂行を支えた。だが、三反五反運動以後、事実上、民間の商工業者は社会主義改造の対象とされていった。結局、社会主義改造は一九五六年に終了するが、人民共和国成立前後には、長期にわたるとされた社会主義改造に関する展望は、完全に反故にされただけでなく、平和的な方法で改造を行うという約束も、三反五反運動期に少なからぬ人々が自殺に追いこまれたように、厳しい現実のまえではむなしいものであった[67]。

こうした状況の変化に先んじて章乃器は、一九五一年五月の民建組織工作会議上で、民建の性質と任務について論じた[68]。章乃器は、まず「一年余りの新時代の教育を経て、彼らの二面性と動揺性はすでに大体において消滅した」とし、革命前あるいは革命直後のように、二面性を前提とした批判的な立場から彼らを評価するのは誤りだとした。さらに統一戦線工作において、「民族資本」のために服務しようとしない共産党員は間違っており、「民族資本」の側も共産党員を無条件で褒め称える必要は無いと主張する。彼は現在はすでに偉大な共産党があるのだから、「民族資産階級」が旧民主主義の道を歩むことを恐れることはない、とまでいっている。

その根拠は劉少奇の天津講話であり、一九五一年五月の段階でも章乃器は中国の生産力を高めるがゆえに、今日の中国では資本主義の〝青年期〞の搾取は許されるだけでなく必要だと指摘した。章乃器は中国人資本は国家の主人公の一翼を占めるのであり、労働者とも平等に付き合えばよく、彼らは自らの企業をもったまま、社会主義社会へ進むことができると主張したのである。

こうした議論については、章乃器自身も組織を代表する意見ではなく、個人の考えであることを強調している。実際、民建内部には章乃器と異なった意見もあった(69)。そうした内部批判と関係してか、章乃器は三反五反運動が発動される直前、一九五一年の秋から、それまでの論調を変化させ、三反五反運動を正当化する議論を展開しはじめた。このことは共産党による統制の強化も想像させるものであろう。

たとえば一〇月には〝青年期〞の資本主義の搾取は認められる、との主張は変えなかったが、次のように述べて、数ヶ月前の「民族資産階級」の二面性を否認する態度を改めている(70)。

この二年来、絶対多数の商工業者は思想上すでに大きな進歩をとげた。しかし、思想改造は長期の工作であるがゆえに、この進歩は一般的にいって、当然、不十分である。

また土地改革についても、「反動統治階級〔＝地主〕がその権力を離さないこと、復活を目指していること、そのことを今回、西南の土地改革に参加してやっと深く知ることになった」と述べ、徹底した対地主闘争を容認しかねない議論も始めている。

さらに三反五反運動が本格化した一九五二年一月には、現在が新民主主義の段階であるがゆえに、生産力増強が必要であるとする従来の主張を繰り返す一方、商工業者の不正について具体的に例示するようになる。そして社会主義の時代には階級を放棄する必要があり、現在はその準備の時期である、と主張した(71)。

事実、章乃器は一九五二年二月には、共産党が統制の強化の根拠とする五つの犯罪行為はブルジョワの本質が作りだしたものだと見なし、ブルジョワ＝革命の〝敵〟とする立場から、商工業者のなかには進歩した人も少なくないが、階級的な本質は変えることができない、と彼らを監視し改造することの必要性を強調するに至る[72]。

当時は機関誌の『民訊』も一九五二年一月に一七・一八期（合併号）を発行して以後、九月まで半年以上も発行できない状況であり[73]、こうした章乃器の意見の転換も、おそらく三反五反運動によって引き起こされた民建内部における厳しい対立に起因していたと思われる。九月になりようやく三反五反運動が下火になり、黄炎培が毛沢東の指示に基づき、私人資本を積極的に利用して人民共和国の生産事業を発展させ、私人資本の階級成分の改変を急いで要求する必要はないと主張し、三反五反運動以後の「新たな民主建国会」の総路線について指示を出すことになる[74]。

具体的には①資本規模の大きな商工者を獲得すること、②中小の商工業者の代表的なものは継続して吸収して、彼らを教育すべきであること、③守法と基本的に守法の商工業者を勝ち取るだけでなく、半守半違法も勝ち取ること、さらに厳重違法もその態度を見る必要があり、完全違法のものだけが不要であること、④マルクス主義の学習も必要だが、まず共同綱領を学ぶことが重要であること、の四点である。

こうした毛沢東の方針は三反五反運動の行き過ぎを是正し、私営商工業者の組織としての民建のさらなる発展を目指しているとはいえるが、共産党による民建への統制はいままで以上に深まった。すなわち一九五二年の第二次総会拡大会議で共産党員の孫起孟が秘書長に昇任し、孫暁村、羅叔章、許滌新ら共産党の党籍をもった人々が常務委員に参加した。その意味で民建の独自性は著しく低下したといわざるをえない。章乃器が、共和国成立後、民建からの離脱を希望するようになったことの背景には、こうした問題もあったと思われる[76]。

いずれにしても、一九五三年半ばに提起された「過渡期における総路線」の前提となった毛沢東の思想的原則は、当時の中国社会の主要矛盾を「労働者階級と民族ブルジョワ階級との矛盾」ととらえており[77]、この年、政府は第一次五ヵ年計画を始め、以後、民間の商工業者に対しては、本格的に社会主義改造の道を歩むことが定められたのである。

小結

章乃器と彼を中心的なメンバーとした民建は、戦後内戦期を通じて愛国と民主を求めて、一九四九年革命に参画することとなった。その立場は中華人民共和国の成立以後も継続していた。とはいえ愛国の面に即していえば、章らは朝鮮戦争という具体的な戦いがはじまる前の段階では、情勢を客観的に分析し冷静な議論に終始しようとしていたといえる。

まず抗戦勝利後は直接的な軍事侵略を被っているわけではないことが大きく、不平等条約や租界も抗戦中に無くなったことを前提として、国民党・国民政府は「五大国」とのキャッチフレーズを喧伝した。それは見かけ倒しだったが、多くの国民が対外的な政治課題の重要性を相対的に低く見るようになったのは当然であった。こうした情勢のなか、章乃器らは民主を実現するために中間派の道を歩もうとした。だが、続く内戦後期には国共両党とそれぞれを支持するメディアが、自らを愛国者とし、敵対する政治勢力を売国奴と謾罵した。両者は全く同じ議論のパターンで、他者を厳しく批判したのであった。こうして過剰な愛国論を批判し、是々非々で議論を展開しようとする冷静な立場は、しだいにその活動の場を狭めつつあった。

こうした状況のなか、章乃器が目指した民主の特徴としてなによりも指摘すべき点は、「人民による」政治の一つの理念型である議会制民主主義を資本家の独裁をカモフラージュするものだと批判したことであった。それは抗戦後期の第二次憲政運動時の政治的な水準からみれば後退であったが、一九二〇年代から一貫した彼の民主に対する原理主義的な立場を明確に示してもいた。彼は議会制という「人民による」統治ではなく、真に人民に由来する「人民の」権力を実力によって樹立し、「人民のため」の政治を実現することを目指したといえよう。

それゆえ章乃器は最終的には、軍事力を有することで強制力を発揮する共産党と、自らを含む知識人の「聯合独裁」による、上からの経済建設を目指したのである。彼が重視した「企業家精神」や資本家の主体性の承認は、議会制民主主義によってその実行が保障される、とは理解されなかった。その点に彼の民主の特徴が示されている。

とはいえ彼が毛沢東を暗に批判したように、あるいはスターリンの政治弾圧を問題視したように、彼には自らの独自性を守ることに対する極めて強い志向性があった。彼をリベラリストと呼ぶか否かには、さまざまな議論がありえるが、しかし彼が個の尊厳をなによりも重視し、個性の解放を社会の発展の原動力とみなすとともに、あるべき社会の理想としている点に筆者は強い関心を持っている。章乃器は共産党の独裁を前提としながらも、人民に由来する権力としての民主の内実を、あまりに楽観的であったとしても、主観的には進化させようとしていたと評価できよう。

もしこうした立場が、立憲主義的な方向へと発展しないとすれば、それはおそらく章乃器自身の内在的な論理においては、対外的な危機に求められるのではなく、あくまで国内の民衆の政治的な成熟度に基づいていたように筆者には思われる。だが、いずれにしろ、朝鮮戦争の開始によって共産党は愛国運動を組織し、その反米愛国論の高まりに沿って、章乃器は資本家や地主とされた人々を守ろうとする自らの議論をトーンダウンし、共産党の議論に寄り添った。中華民国時期とは異なり、彼にはすでに共産党の政策に影響を与えうる方策は残されていなかったといえよう。

註

（1）水羽、前掲『中国近代のリベラリズム』を参照のこと。
（2）陳竹筠『中国民主建国会歴史研究（民主革命時期）』北京：中国人民大学出版社、一九八五年、二九〜三〇頁。
（3）「陪都各界慶祝政協成功大会発表告全国同胞書」『新華日報』一九四六年二月一〇日。
（4）「陪都各界慶祝政協成功大会籌備委員会発表向全国同胞控訴書」『新華日報』一九四六年二月一三日。
（5）「較場口事件」『中央日報』一九四六年二月一一日、「中国国民党中央執行委員会致各省市当局告較場口事件真象代電稿」（一九四六年二月一六日）秦孝儀主編『中華民国重要史料初編』第七編（戦後中国（二））台北：中国国民党中央委員会党史委員会、一九八一年。
（6）「解決較場口事件各界伸長正義会提出最低限度之条件八項」『中央日報』一九四六年二月一八日など。
（7）上海市通志館年鑑委員会編『民国三五年上海市年鑑』上海・中華書局、一九四六年、特に「一五、商業」を参照のこと。
（8）孫宅巍「抗戦勝利後国統区工業述評」『民国檔案』一九九二年一期など。
（9）「関於民主的両件大事」（社論）『申報』一九四六年四月二八日。その他、周鈺宏主編『民国三六年上海年鑑』上海・華東通訊社、一九四七年、特に「2　勝利復員」なども参照のこと。
（10）「節制資本的再認識」『経済周報』二巻一八期、一九四六年五月九日。
（11）「遷川桂工廠聯合会奉令停止活動」『経済周報』二巻一五期、一九四六年四月一八日。王衛「没有工業就没有中国——胡厥文先生訪問記」『経済周報』二巻一九期、一九四六年五月一六日。
（12）王衛「上海工業家団結起来了——記全国工協上海分会的誕生」『経済周報』二巻二一号、一九四六年五月三〇日、一六頁。全国工業協会の本部は四三年三月一八日、重慶で成立した。
（13）『油印本』上、九頁。
（14）「人民団体聯合会発表成立宣言」『文匯報』一九四六年五月六日。
（15）「聴・・人民反対内戦的声音」など『文匯報』一九四六年六月二四日の関連記事を参照のこと。
（16）前掲「人民団体聯合会発表成立宣言」。
（17）王衛「論金融政策与官僚資本——上海各経済団体聯誼会成立記詳」『経済周報』二巻二一期、一九四六年五月三〇日。
（18）この座談会が共産党によって進められたとするのは、前掲「上海新聞・第二編　新聞期刊・第二章時事期刊・第一節・時事政論期刊」である。

(19) 王、前掲「論黄金政策与官僚資本」。
(20) 「中国工業界的企望」『経済周報』二巻五期、年月日不祥、一九四六年一月三一日?
(21) 王衛「民族工業的厄運――呉蘊初先生訪問記」同右、二巻一八期、一九四六年五月九日。
(22) 王、前掲「上海的工業家団結起来了」。
(23) 「上海工商請願団晉京請願始末」、潘士浩「随工商業晉京請願誌感」同右、三巻八期、一九四六年八月二二日。
(24) 笪移今「中国経済在崩潰前夕」同右、二巻二四期、一九四六年六月二〇日。
(25) たとえば同右、三巻一五期、一九四六年一〇月一〇日には、魏琦「論蘇北的土地改革政策」や L. K.Rosinger「中共的土地改革」が、また同右、三巻一七期、一九四六年一〇月二四日には、張錫昌「東欧各国的土地改革」が掲載されるなどしている。
(26) 呉大琨「従上海市参会代表晉京請願説到民族工商業家応有的自覚」同右、三巻一四期、一九四六年一〇月三日。
(27) 王衛「如何建設国民経済――記「経聯会」第十一次大会」同右、三巻一五期、一九四六年一〇月一〇日。
(28) 王衛「章乃器談経計会経過――記経聯会第五次大会」同右、三巻四期、一九四六年七月二五日。
(29) 王衛「国営与民営――記経聯会第八次会議」同右、三巻一〇期、一九四六年九月五日。
(30) 奥村、前掲『中国の現代史』一九頁。
(31) 施復亮に関する最新の研究は、平野正『政論家施復亮の半生』汲古書院、二〇一〇年。本書に対する筆者の立場は、『社会経済史学』七七巻四号(二〇一二年)に掲載した書評を参照されたい。
(32) 呉承禧「中国民族資産階級之路」『経済周報』四巻三期、一九四七年一月?日(判読不明)、孫暁村、前掲「怎麼研究現階段工商経済問題」など。また『経済周報』五巻一一期、一九四七年九月一一日から五巻一三期、一九四七年九月二五日まで、三期にわたり、婁立斎「中日貿易問題的全般検討」が連載されている。

(33) 笪移今「評方顕廷先生的経済観点」『観察』二巻二〇期、一九四七年七月一二日および章乃器「決没有政治案乱軍事紛擾而経済能穏定的」『経済評論』二巻一期、一九四七年一〇月四日。
(34)「民主建国会対所謂〝反対内戦争取和平〟発表意見」(一九四七年二月一日)〔一・一一五頁、下・四八三頁〕。この文献が章乃器の執筆になるとの判断は章立凡に従っている。
(35) 水羽信男「上海のマスメディアとナショナリズム——一九四六~七年の新聞・雑誌論調を中心として」姫田光義『戦後中国国民政府史の研究——一九四五~一九四九年』中央大学出版部、二〇〇一年も参照のこと。
(36) 笪移今「論当前的土地問題」『観察』四巻六号、一九四八年四月三日。
(37) 胡子嬰、前掲「我所知道的章乃器」八五頁。
(38) 施復亮「評最近官方挽救経済危機的辦法」『観察』五巻一二期、一九四八年一一月一三日。
(39)「到達解放区的民主人士李済深等五十五人発表対時局意見」(一九四九年一月二二日) 楊建新ほか編『五星紅旗従這里昇起——中国人民政治協商会議誕生紀事暨資料選編』北京・文史資料出版社、一九八四年。
(40) 水羽、前掲「一九四〇年代後半期における中国民主派知識人の国家統合をめぐる論調」一〇五~一〇八頁など。
(41) 章乃器は理想社会の一齣として、トロツキーを含むソ連の多数の政治犯の釈放を要求している(章乃器「我想写一篇小説」『平民』四期、一九四六年三月〔下・四七〇頁〕)。
(42) 章乃器「平津工商業的新生」『人民日報』一九四九年五月二六日〔下・五一七頁〕。
(43) 金冲及主編『劉少奇伝』中共中央文献出版社、一九九八年、六三〇~六三一頁。また林蘊暉「劉少奇〝剝削有功〟説的来龍去脈」『百年潮』一九九八年六期および魯振祥「建国前後新民主主義建設探索的張聞天和劉少奇」『党史的文献』二〇〇〇年五期もあわせ参照されたい。
(44) 本書では糧食部長としての章乃器の活動については、論及しない。それは糧食部長としての活動は、彼個人の思想を示す、というよりは当時の人民共和国政府の、あるいは強いていえば陳雲や薄一波の思想を示すと理解しているからである。なお当時の糧食政策については、笹川裕史「食糧の徴発からみた一九四九年革命の位置」(久保編、前掲『一九四九年前後の中国』)などを参照されたい。

(45) 章乃器「両面対照与一面倒——中蘇新約的偉大啓示」(一九五〇年二月二三日)同『論中国経済的改造——消腫、去腐、新生』北京:五十年代出版社、一九五一年。

(46) 章乃器「再論応用自己的簿記原理記帳」『光明日報』一九五〇年三月三〇日〔下・六三七頁〕。

(47) 同右。

(48)「中国人民政治協商会議共同綱領」日本国際問題研究所・中国部会編『新中国資料集成』二巻、日本国際問題研究所、一九八六年、五八九頁。

(49) 章、前掲「平津工商業的新生」〔下・五一九頁〕。劉少奇の講話、章乃器の評論ともに人民共和国成立前のものであるが、章、前掲『論中国経済的改造』に掲載されたということは、一九五一年段階の共産党中央の考えと一致していた(少なくとも許容範囲であった)ことを示している。

(50) 章乃器「調整工商業問題——一九五〇年七月一五日在民建京分会新知識座談会的演講」章、前掲『論中国経済的改造』一二三頁。

(51) 章乃器「民主建国会擁護政府土改辦法和財経措施的決議」(一九五〇年六月)〔二・三七~三八頁など〕。

(52) 馮和法・張帆・孫暁村『中国民主建国会史話』中国人民政治協商会議全国委員会文史資料研究委員会辦公室、一九八三年、三七~三八頁。

(53) 章乃器「関於土地改革的幾点意見——一九五〇年六月二一日在政協全委会第二次会議上的発言」章、前掲『論中国経済的改造』四三~四四頁〔下・五二六~五二七頁〕。

(54) 章乃器「輝煌勝利的第一年」(原載:『展望』六巻二四期、一九五〇年一二月三〇日)同右、五二頁。

(55)「民主建国会五一労働節謹告全国工商業家」(一九五〇年五月)〔二・三〇〜三一頁〕。
(56) 章乃器「幣制穏定後私営工商業怎麼辦」(一九五〇年四月二八日のラジオ放送)『人民日報』一九五〇年五月五日。
(57) 章、前掲「平津工商業的新生」〔下・五二二頁〕。
(58) 章、前掲「輝煌勝利的第一年」五二二頁。
(59) 章乃器「中国人民政治協商会議第一届全体会議　各位代表主要発言」『人民日報』一九四九年九月二四日〔下・五二三頁。ただしここでのタイトルは「新民主主義的民族工商業家底任務——一九四九年九月二三日在中国人民政治協商会議大会上的発言」である〕。
(60) 章乃器「人民的東北」(一九四九年三月一七日)章、前掲『論中国経済的改造』四一頁〔下・五一五頁〕。
(61) 章、前掲「調整工商業問題」一二五頁。
(62) 章、前掲「人民的東北」九六頁〔下・五一一頁〕。とはいえ、東北における地主への人権無視の闘争の姿は、たとえば周鯨文、池田篤紀訳『風暴十年』時事通信社、一九五九年、一二三〜一二六頁などに見える。因みに周鯨文は東北の地主の出身である。
(63) 章、前掲「関於土地改革的幾点意見」四六頁〔下・五二八頁〕。
(64) 毛沢東「人民民主主義独裁について」(一九四九年六月)『毛沢東選集』第四巻、外文出版社、一九七二年、五五四頁。
(65) 章乃器「統一就是力量、統一就是辦法!」『光明日報』一九五〇年三月二四日。
(66) 奥村哲『中国の現代史』青木書店、一九九九年、一一五〜六頁。
(67) この間の共産党側の「民族資本家」に対する政策や三反五反運動の実像については、たとえば楊奎松「共産党のブルジョアジー政策の変転」久保編、前掲『一九四九年前後の中国』などに詳しい。

(68) 章乃器「従宣教工作説到本会的性質和任務――在組織工作会議中的報告」『民訊』一二期、一九五一年六月三〇日。
(69)『油印本』中、一三頁。
(70) 章乃器「土地改革与民族工商業――一九五一年十月十日在中央人民広播電台講詞」『民訊』一五期、一九五一年一〇月一日。以下、章乃器の議論はこの論文に拠る。
(71) 章乃器「工商界要改造思想、努力増産節約、加強抗美援朝」『民訊』一七・一八期、一九五二年一月。
(72) 章乃器「工商界来一次徹底的〝大掃除〟」『人民日報』一九五二年二月二日。
(73) この間、章乃器は「資産階級思想」の罪名で批判されたという(周鯨文、前掲『風暴十年』、一六〇～一六一頁)。ただし現在のところ別の史料でこの事実を裏付けることはできない。
(74)「毛主席対於中国民主建国会方針的指示(一九五二年七月二日中国民主建国会総会主任委員黄炎培在第二次総会拡大会議上伝達報告)」中国民主建国会宣伝教育処編『共同綱領学習資料』第二輯、一九五二年一一月。
(75)「中国民主建国会総会調整領導機構人選」(一九五二年一〇月八日)(二・二七一頁)。
(76) 章乃器「我的検討」『人民日報』一九五七年七月一六日。その他、章立凡「章乃器的従政観」『博覧群書』二〇〇七年一二期も併せ参照のこと。
(77) 毛沢東「労働者階級とブルジョワ階級との矛盾は国内における主要な矛盾である」(一九五二年六月)『毛沢東選集』五巻、外文出版社、一九七七年。

第五章　社会主義への転化と章乃器

問題の所在

本章では一九五三年の「過渡期の総路線」以後、とくに一九五五年の胡風事件から一九五七年の言論の自由化政策（「百花斉放・百家争鳴」、以下鳴放）のピークまでをとりあげる。

朝鮮戦争に示される冷戦の激化にともない共産党は、愛国的課題の大きさを喧伝し、早急に中国の工業化を実現することの緊急性を強調し、一九五三年段階でも相応の年数をかけて実現するとされた社会主義改造を、急ピッチですすめ一九五六年に完了した。同時に共産党は社会主義改造を国防力の増強としてだけでなく、「人民のための」政治の実践だと宣伝し、欧米の資本主義諸国では実現できなかった「人民民主」の実現を追求していた。同時に「人民の」政治の具体化として民衆の日常的な政治闘争への参加を制度化し、それを愛国的な課題の実践と等置した[1]。この間、章乃器と民建は「民族ブルジョワジー」の立場に立つことを標榜したが、彼らと共産党の橋梁的な役割を期待され、共産党を支援して社会主義改造を積極的に進めてゆく。

本章ではまず抗戦期を通じてリベラルな傾向を強めた章乃器が、当該時期の商工業者の諸権利を保護するために、どのような活動を行ったかを検討する。ただしこの時期、章乃器は民建の幹部であり、かつ糧食部長の職以外にも、中華全国工商業聯合会（以下、工商聯）[2]の副主任委員として多忙を極めたうえに、一九五四年八月には全国人民代表大会四川省代表に選出された。おそらくこうした関係から、鳴放期を除くと、六〇歳前後の章乃器個人の思想的特徴はつかみがたい。

そこでここでは民建の動きなどを追うことで、彼の愛国と民主をめぐる思想と行動を考察してゆきたい。なお一九五〇年代の民間の商工業者に関しては、楊奎松が三反五反運動により彼らの共産党に対する「抵抗力」は無くなり、それゆえ一九五六年の社会主義改造はスムースに進展したと指摘している[3]。だが、以下論述するように、章乃器らは可能な限り、民間の商工業者の権利を守ろうと努力している。そうした章乃器に共鳴した企業家も少なくない。三反五反運動が民間の商工業者に与えた大きな破壊力を議論の前提としながらも、一九五三年以後も続けられた彼らなりの自律性を保持しようとする努力をひとまず歴史的に復元したい、と筆者は考えている。

次いで鳴放期の章乃器の議論を検討する。鳴放期の知識人の議論については、章乃器を含む右派分子とされた知識人だけでなく、「民族資産階級」の議論についても、同時代のチャイナウォッチャーたちの情報収集を嚆矢として、その概要はほぼ明らかにされている[4]。ことに章乃器は、反右派闘争で厳しい批判にさらされたこともあり、名誉回復のために、この時期の彼の思想と行動に関する研究は一定の進展をみせている。基本的には彼の当該時期の言説が一九七八年から始まる改革開放政策を先取りするものだったことが顕彰されている。

すなわち改革開放政策の骨子は、①企業自主権の拡大と経済責任制の採用（自主的生産権・販売権・価格決定権などの承認、工場長責任制の確立、破産法制定など）、②計画管理体制の改革（市場経済の導入など）の二点にあるが、[5]これらの問題は先行研究が指摘するように、章乃器が初歩的にではあれ主張したことに、一部は重なってゆく。そしてこの改革の重要な目的が資本主義企業の経営方法を学ぶこと、つまりシュラムのいうように「企業家精神」の促進であるならば、[6]この点もまた章乃器の強調点の一つであった（本書巻末の「参考文献一覧」も参照のこと）。

これらの成果を踏まえ、本章では彼の議論を愛国と民主という課題に即して、改めて検討することとする。

第一節　社会主義改造の進展と章乃器

中華人民共和国憲法と章乃器

一九五四年に中華人民共和国最初の憲法が制定された。この憲法では従来は明記されなかった共産党の指導が書き込まれるなど、政党国家体制を形成するための法体系を準備するものであった。しかしながら、その一方で劉少奇の憲法に関する説明が明言したように、共産党もまた法治の原則を受け入れ、立憲主義的な方向での変革を目指したといわれる。

すなわち劉少奇は「憲法草案に関する報告」のなかで、「国家と社会の公共の利益は、個人の権利から切り離せない」として、個の尊厳を守ることを認める姿勢を示し、さらに「憲法は、我々の国家生活での最も重要な問題において、いかなることが合法であるかを規定し、あるいは、必ず実行しなければならないことを法的に定めており、また、いかなることが不当で、必ず禁止されなければならないかを規定している」として、立憲主義的な方向を示したのである。(7) 一九五〇年代なかばには、共産党員の独善性を批判的にとらえ、法治を中国に定着させようとする議論も、党内からそれなりに提起されていたのである。

こうした政治情勢の変化は、章乃器が五反運動における共産党による商工業者への恣意的な弾圧に対する批判的な言論活動をする条件を作り出した。胡風事件の直前に彼は、愛国守法、生産の改良、社会主義改造の受け入れなどで成果を上げた商工業者の五反時の処分を取り消すことが、積極的な教育作用を及ぼすと指摘し、次のように述べたのである。(8)

商工業に従事していない会員が、もし商工業者の会員とともに組織された生活を送れば、商工業者の具体的な経済活動を理解するなかから、豊富な感性と知識を得ることができる。そのことで他人を助けることができるだけでなく、自分自身を助けることもできる。

確かに当時の章乃器も自由に自らの立場を表明できたわけではなく、共産党の許容範囲内でのみ発言を許されており、「愛国主義教育の基礎のうえで集団主義の精神を育成し、個人主義と分散主義を克服するよう努力しなければならない」としている。しかし、むやみなレッテル貼りや民建内部における党員と非党員との間の排他的な傾向を問題視していたのである。章乃器は彼なりに民間の商工業者の地位とその能動性の発揮の必要性を追求していたといえよう。

潘漢年逮捕と胡風事件

だが、一九五五年五月、こうした動きを根底から覆す事件が起こる。胡風事件である。胡風(一九〇二〜一九八五)は章乃器らと同世代の人物で、湖北省出身、一九二五年に北京大学予科へ入学し、翌年清華大学英文系に転学したが、北伐に参加するために退学。一九二九年末に来日し、慶應義塾大学文学部英文科に入学した。(9) 一九三三年、抗日運動に参加したため、七月に日本政府により中国へ強制送還され、以後、左翼作家聯盟に参加し魯迅の知遇を得た。左翼文学内の評論家・理論家として一家をなすが、当時から共産党員の周揚などとの間には理論的にも感情的にも溝が大きく、彼の「主観論」は一九三〇年代から繰り返し批判されてきた。

すさまじい弾圧を受けた胡風とその文芸理論については多数の研究があり、また歴史学を専門とする筆者が十分に議論できるテーマではないが、本書の行論に必要な範囲で彼の議論をまとめてゆく。(10) 胡風はマルクス・レーニン主義の立場から、文芸界における官僚主義を批判したが、胡風が批判したのは、たとえば「作家は創作実践に従事しようと思ったら、まず完全無欠な共産主義の世界観を備えなければならない、それがなければこの「世界観」と「一元化」されている社会主義リアリズムの創作方法の影さえ望めない」といった類の教条であった。あるいは「労農兵の生活のみが生活の名に値する。日常生活は生活ではない」といった言説が横行する中国の文芸界の風潮であった。

胡風にとって作家とは図式的に模範的人物を称讃し、決まり切った教条を宣伝するための道具ではなく、革命勢力の側にもある「遅れたものや暗黒」を直視し、それを描く存在である。なぜならば作家が政治や人民と結びつくためには、中国社会がかかえる克服すべき課題を明確にしなければならないからである。こうした立場は、中国の左翼文学運動の内部に生まれ、中華人民共和国にも継承された作家の創作の自由を求める〝個人主義〟的な傾向を代表していたといえよう。なお、いうまでもないが、本書でいう個人主義とは Individualism の意味であり、集団の優位を強要する立場に対して、個の自立・自律を求める思想的立場であり、日本語や中国語の文脈でしばしばみられる、他者を顧みない利己主義や身勝手などと等置される語義とは異質のものである。胡風は集団主義を一面的に強調した毛沢東とは異なる思想的立場にあった。

胡風は一九五五年五月に逮捕されるが、この事件の特異さは毛沢東が主導して彼の文芸理論を批判したことにある[11]。すなわち共産党は胡風が同年一月に執筆した「解放以来の文芸実践に関する報告」を問題視するに至るが、毛沢東は周揚に対し「胡風のブルジョワ観念論・反党反人民の文芸思想には徹底的な批判を加えるべきである。彼を「小ブルジョワの観点」のなかに逃げ込ませてはならない」と指示し、この思想闘争を「労働者階級とブルジョワ階級との重要闘争として扱うよう要求」したのである[12]。

さらに毛沢東は胡風の舒蕪への私信を公開するよう指示したうえで、編輯部の作成したタイトルと注釈にあった「人民内部の問題」との位置づけを、胡風らは「反党集団」であり、彼らとの闘いが必要だとする表現に書き換えた。こうして胡風は五月一七日に逮捕された。今日ではこの逮捕がでっち上げであったことは、周知の事実であるが、六月一〇日に『人民日報』に掲載された「胡風反革命集団に関する第三の材料」の「編集者解説」で、毛沢東は次のように指摘するに至る[13]。

本紙が第一・二の暴露材料を公表した後でも、まだ何人かの人々は、胡風集団は文化界の少数の野心家の小集団に過ぎず、必ずしも何らかの反動的政治的背景をもっているわけではない、といっている。こんなことをいう人々は、階級的本能で心から彼らに同情しているか、あるいは政治的嗅覚が鋭くなく、ことをあまりに無邪気に考えているからである。ほかに一部は潜伏した反動分子か、あるいは胡風集団内部の人間である。

毛沢東は胡風を批判しないものは、革命の敵であるかのようなレッテルを貼ったのである。仮に毛沢東にその意図がなかったとしても、最高指導者である毛沢東にここまでいわれて、あえて胡風を擁護するものはごく一部の人々に限定されざるをえない。こうして問題は単に胡風個人の問題ではなく、当時、中国に確かに存在した個人主義的傾向を打倒する闘争としての意味を持つことになった。胡風はいわばシンボルとして批判にさらされたのである。

また注目すべきことは、胡風が逮捕される直前の四月に潘漢年（一九〇六～一九七七）が、胡風と同じく毛沢東の主導によって逮捕されたことである。潘漢年は人民共和国では、上海市副市長および上海市共産党委員会副書記長などを歴任した大幹部の一人であり[14]、その彼が突然逮捕されたことは、相応の地位と後ろ盾があっても、批判の対象となりうること、また潘が上海の指導者の一人であったことを勘案すれば、共産党中央にとって上海が攻撃の対象となったことを多くの国民に痛感させたといえよう。実際、一九五五年五月以降、胡風と潘漢年の反革命事件は、民衆の思想統制のための一大キャンペーンの素材となった。

潘漢年・胡風事件と民建

ここでは問題を上海を舞台に考察することにする。というのも、上海の共産党の機関紙『解放日報』は社説で「上海は従来から国際的なスパイと各種の反革命冒険家の楽園である」と名指しで指摘しているからである。[15] 潘漢年・胡風事件をめぐる問題の焦点のひとつは、間違いなく上海であった。そしてこの社説は「指摘しなければならないことは、目前の学習と闘争における最も主要な危険と障害は右傾〔の誤り〕であり、その主要なメルクマールは大衆〔の直接的な敵に対する闘争〕をあえて発動しないことである」と述べた。

さらに参謀総長・羅瑞卿は人民代表大会で次のように主張したのである。[16]

国内に階級〔矛盾〕が、国外に帝国主義がいまだに存在している限り、反革命を鎮圧する闘争もまた必然的に存在している。敵の今日の主要な活動は潜伏して行われている。反革命分子、特に潜伏している反革命分子を粛清するためには、大衆を〔闘争に向けて〕普遍的に例外なく動員しなければならない。……我々はすべての犯罪分子が政府に自己の罪を包み隠さず告白し、政府がその他の犯罪分子を調査することを助けるよう要求する。

つまり共産党にとって、特にこの問題では人民解放軍が議論の前面に出ているが、アメリカ帝国主義と蔣介石集団という対外的な危機を強調すること、つまり愛国心が反革命に対する闘争の根拠とされ、民衆の直接行動が「人民の」「人民による」政治＝民主と読み替えられている。つまり政治闘争を日常化し、その政治闘争を担う主体の形成を求めているのである。それゆえ問題は左傾の誤りではなく、右傾だと指摘されることになった。こうして外の敵とそれに呼応する「内なる敵」に対する闘いという愛国主義の文脈のなかに階級闘争が位置づけられ、人民に由来する民主は、人民が直接敵に対する打倒闘争を行うこととされた。

一九五五年は民建の第一次全国代表者大会が開かれた年でもあったが、そこで定められた章程で民建は次のように自らの任務を規定していた[17]。

中国共産党の指導のもと、国家の過渡期の総任務にともなう要求を根拠として、中国の民族資産階級が社会主義改造を積極的に受け入れ、国内外の敵との闘いを堅持し、社会主義の建設のために奮闘するよう、彼らと団結し彼らを教育する。

この二つの反革命事件に対して、また反革命の拠点とされた上海で民建はどのような対応をとったのか。六月に入って民建は中華全国工廠聯合会と連名で、文芸界の問題だからという間違った認識に基づき無関心でいてはいけないとして、闘争を日常化し日常生活を政治化することを求め、そのことを通じて社会主義改造を進めるように指示を出し、この文献は上海市工商業聯合会の機関誌『上海工商』に掲載された[18]。現地である上海では、上記の指示に従った動きが直ちに実践されることになり、全市をあげたキャンペーンが進められた[19]。また栄毅仁は上海の商工業者を代表して、私的資本が反革命に対して闘争している自助努力を強調している。だが彼の発言には次のような指摘もある[20]。

一部の人の思想は麻痺し、一九五一年の反革命鎮圧ののち反革命分子はすでに粛清されたのであって、反革命分子がいまだに国内に潜み、帝国主義と蔣介石反動集団がつねにスパイを大陸に派遣し潜伏させているのを見たことがないと考えている。

そこには朝鮮戦争にともなう激しい闘争を経て一定の安定が実現され、日常的な経済活動に邁進していた上海の民間の商工業者の混乱が図らずも示されているといえないだろうか。そしてその混乱を生み出したものは、共産党の民間の私的資本に対する疑いであり、不安であったと考えても間違いではなかろう[21]。

商工業者の幹部からは、共産党の無謬性と人民の立場に立つことの必要性が強調されることになる。共産党が反革命集団を摘発した以上、それには十分な調査に基づく根拠があり、我々の側が認識を新たにし警戒心を高め、敵と味方を区別しなければならないのである[22]。こうした言説が強制だけでなく、一定の現実味を持って誠実に受け止められる、そうした社会的雰囲気が当時の中国にあったともいえるが、主体的な取り組みの強調は、「企業の改造は必ず思想改造と結び付ける必要」がある、ということをまだ理解していない人々が存在する、という反省を導くことになる[23]。

さらに商工業者内部での議論で注目すべきだと思われるのは、以下のような発言が行われていることである[24]。

反革命に対して仁愛であることは、自己に対して残忍であることである。すべての隠れた反革命分子を粛清し、指導者と大衆とを結びつけるという方針を採用しなければならない。人々には責任があり、決して自分と関係のないことではない。このためこのたびの学習を通じて、我々は国家の主人公としての責任感を高め、識別力を高め、嗅覚を研ぎ澄ませ、周囲のすべての疑わしいことを厳密に調べ、随時、積極的に勇敢に〔反革命分子を〕暴露し検挙し、すべての反革命分子が我々の荘厳な国土のうえに身を置く場所がないようにしなければならない。

民建中央は、六月に入り地方組織へ「胡風反革命集団」を粉砕することを通知した。(25)

第二節　言論の自由化政策と章乃器

共産党八全大会と章乃器

胡風事件の拡大と同時に、一九五五年後半から社会主義改造が一気に加速され、全業種にわたる合営化が目指されて小規模の工場や商店にも改造が及び、一九五六年には社会主義改造が一応完了した。この過程で、従来の「四馬分肥」といわれる利潤分配原則――国家・企業・労働者・資本家がそれぞれ四分の一ずつの利潤を得る原則に替わって、新たに「定息」方式〔資本額の五%を毎年定額利息として受け取る方式〕が採用された。共産党の統一戦線部長の李維漢は公私合営と「定息」の意義を次のように指摘している。(26)

この二つのもの〔公私合営と「定息」〕は、資本家に三つの権利を失わせた。すなわち、一つは企業の生産手段に対する支配権であり、……それを失うことにより、資本家は企業管理権を失い、それゆえ利潤の取得権も失った。……このようにすれば、資本主義所有制の残滓は多くはなく、残滓はただ

「定息」のみで、〔我々がなすべきことは〕賃金を上昇させ、企業を買い取ることだけである。

冷戦構造の下に置かれ、工業力の充実を社会主義国家の建設を通じて実現しようとしていた共産党は、知識人や商工業者などを動員するため、改造が終わった一九五六年一月に「知識分子問題」に関する討議のための会議を招集し、五月に言論の自由化を提起するに至った。しかしながら、知識人や商工業者たちは潘漢年事件・胡風事件に象徴される共産党の思想政策に不安・不信感を抱き、なかなか活発な発言を展開しなかった。

こうした状況のもと、一九五六年九月の共産党の第八回全国代表大会は社会主義改造の成功を踏まえ、今後の闘争の任務は「社会の生産力の順調な発展を守る」ことであるとして、次のように指摘するに至った[27]。

わが国のプロレタリアートと資本家階級とのあいだの矛盾は基本的に解決され、……社会主義の社会制度がわが国で基本的にうちたてられた。……いまやわが国のおもな矛盾は、すすんだ工業国を建設しようとする人民の要求と、おくれた農業国であるという現実とのあいだの矛盾であり、経済・文化の急速な発展に対する人民の要求と、いまでもまだ経済・文化が人民の要求をみたすことができないという現状とのあいだの矛盾である。

さらに劉少奇は共産党員が「まじめにかれら〔＝企業経営者〕からまなび、かれらの持っている有益な経験と知識を社会的遺産の一つとしてうけつがなければなりません」とまで指摘した[28]。

おそらくその理由は、民間の企業に担われた「軽工業部門の多くは〔第一次五ヵ年計画の達成目標を〕

未達成であ」り、「これが都市における消費物資不足等の問題をひきおこしていた」ことにある。[29] 因みに、「改造」前の資本主義軽工業の生活物資の生産額は、綿布の四〇・三％、綿糸の四六・七％、紙製品の六三・四％、マッチの八〇・六％、ゴム靴の七〇％、メリケン粉の七九・四％、巻煙草の八〇・四％、という圧倒的な比率を占めていた。[30] まさに中国社会の「経済的・客観的な現実はなお資本主義経済との共存を必要としていた」のであった。[31]

社会主義改造とはこれらの企業に対する統制であり、その統制の可否が直接的に生産量の増減に関連することは当然であった。こうした現実は、章乃器に民間の商工業者の経済活動の活性化を進める必要を痛感させたと思われる。共産党の第八回党大会が、前述のように「過渡期の総路線」における「労働者階級と民族ブルジョワ階級との矛盾」が中国社会の主要矛盾であるとする認識を改めたことは、民間の商工業者の活性化を主張しようとする章乃器にとって有利なものだった。

共産党の統一戦線工作部は八全大会をはさむ一九五六年七月と一〇月に座談会を開いたが、そこで章乃器は①大資本家を排斥し階級闘争を作り出すという統戦部の一九五二年の方針を批判し、②これまでの情け容赦のない資本家への攻撃を批判し、三反五反時の名誉回復を求め、さらに③非党員と党員との対等平等な関係を求めた。[32]

これらは翌年五月から六月にかけて彼が公開の場で求めた議論の大枠であったが、章乃器をリーダーの一人とする民建は、前述したように共和国成立以前に①後発国である中国にとっては生産力の増強が第一の課題だと繰り返し強調し、②その実現の方策として上からの工業化戦略を提起して、③国家主導の経済建設における中小資本の役割を重視するとともに、④農村経済を下支えする役割を中小資本に期待していた。さらに章乃器は共和国成立後は民建のイデオローグとして、「民族資産階級」の主体性を引き出すことを目指した。その意味で彼の争鳴期の政治的要求は、一九四〇年代から一貫したものであったといえよう。

また章乃器は民建内部でも、一九五六年一〇月一七日に公私合営後は「民族資産階級」の両面性はすでに存在しない、真の愛国者は必然的に社会主義者である、と発言した。だが、それに対しては即座に自己批判を促す動きが見られ、一一月にかけて継続的に章乃器の問題提起について議論が行われている[33]。さらに民建は一九五六年一二月に第二回中央執行委員会を開催し、その総括を民建の機関誌『民訊』で発表した。そこでは章乃器の見解を原則的に批判した共産党員である許滌新と孫暁村の評論が、参照すべき見解として紹介された[34]。章乃器と彼の批判者との間では、緊張した状況が続いたと思われる。

事実、一九五七年一月二七日には共産党中央、省・市・自治区党委書記会議の講話で、毛沢東は一部の教授のなかには「共産党はいらない」「社会主義は良くない」などのデタラメな意見が出ていると指摘し、中国の〝ハンガリー事件〟を準備する動きがあると警告したといわれている[35]。その意味で、民建内部における章乃器に対する批判的な見解を後押しするかのような共産党中央の動きも存在していたといえよう。

だが、三月三日に民建中央常務委員会第三四回会議は、章乃器が宣伝・教育方面の指導にあたるよう決定しており、彼の政治的立場は従来どおり重視されていた[36]。彼の立場は相応に尊重されていたといえよう。

共産党の呼びかけた言論の自由化に知識人が積極的に対応するようになった契機は、毛沢東が二月二七日に第一一回最高国務（拡大）会議で行った「人民内部の矛盾を正しく処理する問題について」と題する講話だった[37]。さらに一九五七年四月一〇日附の『人民日報』は、積極的に言論の自由化を進めるよう主張した[38]。そうしたなか共和国成立当初から、章乃器は毛沢東流の「階級闘争」に違和感を表明しており、一九五七年四月一五日に改めて毛沢東の〝革命は絵を書いたり刺繍をしたりすることではない〟と〝その人の道をもって、その人の身を治める〟との発言を批判したとされる[39]。こうした発言は、直接的には三反五反運動における「民族資産階級」に対する行き過ぎた処罰に対する「名誉回復」の要求をも意味しており、当時の羅隆基らの議論と論調を一にしていた。

五月に入ると一日に共産党が「整風運動」を発動し、それを支援するために言論の自由化の呼びかけが本格化する[40]。この動きに対して飽くまで民建は慎重だったようである[41]。だが共産党は民建の口もこじ開けた。一九五七年五月八日、中共中央統戦部は、各民主党派の責任者と無党派民主人士を召集して座談会を挙行した。この会議は六月三日まで一三回にわたって開かれ、七〇余人の共産党外の人士が発言したとされる[42]。

中華全国工商業聯合会は、一九五七年年五月一一日、北京・天津・上海などの代表者を招集し、北京で座談会を開催した。ここで章乃器は「意見を提出するのに逡巡してはいけないし、遠慮してはならない。また、〔ブルジョワ分子との〕〝帽子〟をかぶせられるのを恐れてはならず、打撃を受け報復されるのを恐れてはいけない」と述べ、大胆な言論活動の展開を呼びかけた(43)。また『大公報』も同日「商工業者の大胆な『争鳴』を期待する」と題する社説で〝各人はみな自分の意見を述べる権利がある〟と強調した。

さらに五月一五日から六月八日までは、中共中央統戦部と国務院第八辦公室が連合して、全国の商工業者による座談会を開催し、二五回の会議で、一〇八人が発言したといわれる(44)。

これらの座談会や新聞・雑誌を通じて様々な見解が出され、厳しい共産党批判も展開された。章乃器も四月二二日附『人民日報』社説「工商業者は改造を継続し、積極的に工作しなければならない」が主張した資本家の「換骨奪胎」の改造方針を批判し、次のように指摘するに至った(45)。

我々はあらゆる手立てをつくして工商業者の積極性を発揮させなければならない。こうして民族資産階級が消滅する過程において、国民経済と工・農業生産が損害を受けないよう要求するのである。……以前、私は次のように考えたことがある。官僚主義は資本主義に比べてさらに危険な敵である。なぜならば、資本主義はすでにわが国で復活することはけっしてできないが、官僚主義は随時に我々の思想のなかに、はなはだしくは工作のなかで復活してしまうからである。

当時の章乃器の最大の目標は、社会主義中国を富強化することであり、目前の情況からいえば、社会主義改造によって民間の商工業者の生産意欲を減退させてはいけないということであった。

章乃器と商工業者の議論

それでは、当時、何が民間の商工業者の経済活動を阻害しているととらえられていたのであろうか。鳴放期に現れた言論活動から、この点を探ってみよう。

内蒙古工商聯秘書長・鄭充命は「企業内には民主的な管理、民主的な制度が無いことを私は見ており、特に社会主義改造を受け入れた商工業者が工場経営に関わる重要なポストに就くだけでなく、そのポストに相応しい責任と権限を持てるよう保障されていないことに対して、地方〔の共産党〕党部の注意を引き起こさなければならない」と述べたが[46]、「民族資本家」の「有職無権」という状態は、共産党の代表が工場にくると生産、財務、人事を一手に握るためであった[47]。鳴放時期の民間の商工業者の中心的要求の一つは、企業経営への参画を保障・拡大することにあった。

こうした要求が提出される背景には、合営企業に派遣されていた政府側代表の作風の誤り・能力不足に対する広範な不満が存在していた。たとえば、天津のある工商業者の発言として次のようなものがある[48]。

政府側代表の多くは労働者から選抜され、能力は低く、ある者は企業の業務を管理することができない。改造を受け入れた商工業者が政府側代表に意見を提出しても、受け入れられることは少ない。ある工場の民間側のメンバーは常に政府代表に意見を提出したため、指導権を〝簒奪〟する意志があると思われた。

さらに、民建中央常務会宣教処副処長・許漢三は民主党派内部の問題として「大衆のなかには〝党員を批判することは反党であり、反党は即ち反革命である〟という空気が形成された」と述べた[49]。同様な雰囲気は合営企業内にも満ちていたと思われる。また上海市工商聯秘書長・胡傑文は「ある工場の代表はすぐれた変圧器をつくり、これは表彰されるべきなのに在庫資材を流用したというので」批判されたという状況を紹介している[50]。当時の合営企業に派遣された政府側代表のなかには、企業管理能力や生産性重視の視点などを欠如した者が少なくなく、そのため民間の商工業者の不満を買う者も少なからずいたのである。彼らの側から見れば、共産党の企業管理政策は合理的な発展を阻害するだけでなく、経営の停滞さえもたらしかねないものと認識されていたといえよう。

この政府側代表の作風の誤りや能力不足に基づく不満や対立を解決するためには、民建・広東工商改造補導処処長・王伯雄がいうように合営企業における政府代表と私営商工業者代表との「職責を明確」にすることが必要である[51]。そのためには民間の企業家が企業経営へこれまで以上に参画することを保障する必要性を、彼らの中国社会における位置づけそのものに即して主張する必要があった。この点に関して章乃器は、民間の商工業者の社会主義改造の進展に関して、次のように述べている[52]。

現在、工商界はすでに五つの関所〔抗日戦争・土地改革・抗米援朝・三反五反運動・社会主義改造〕を越えてきた。これは身も心も入れ換える改造であり、すでに改造は終わった。

したがって章乃器によれば、「全業種における公私合営の段階を経て、〔私営の商工業者と労働者との矛盾が〕敵と我との対抗性の矛盾に転化する危機は完全に去った」のであり、「民族資産階級」は「すでに基本的には消滅した段階にある[53]」。

この章乃器の情況把握は、八大大会での共産党の情勢観と基本的に一致するものであったが、彼はさらにブルジョワジーの二面性に関しても、その存続を認めながら、現在の中国におけるブルジョワジーとプロレタリアートの関係は「革命」と「反革命」ではなく、「先進」と「落伍」との関係でしかない、と強調した[54]。階級の本質規定と個人の階級的性格との関連については、両者を区別する必要を説き、彼は次のように述べている[55]。

ブルジョワ階級の搾取は生まれつきであり、死してやむというものであり、消滅させることができるだけで改造はできない。しかしながら、ブルジョワ階級分子は改造できる。なぜなら、彼の搾取は生まれつきではないからである。

章乃器は民間の商工業者の積極性を引き出して生産の拡充を実現するため、以上のように社会主義建設における彼らの主体性を肯定したが、それは彼らの自尊心を認め、その自尊心に理論的根拠を与えるためだったと考えられる。北京市工商聯主任委員・楽松生は次のように述べている[56]。

民間の商工業者は喜んで企業を差し出し、改造を受け入れたが、それは容易なことではない。これは換骨奪胎であり、我身を切って受け入れたものである。この点を承認しないことは、実際と適合しない。

民間の商工業者は、自らを「改造」される客体としてではなく、新中国のための経済建設に従事する主体と自認し、それなりのプライドを持っていたのである。だからこそ章乃器は「工商業者に上手に対応するためには、必ず彼らに対して情を通わせ、彼らの苦しみに関心を払わなければならない」と述べるとともに[57]、繰り返し民間の商工業者に「憂慮」「消極自卑」の思いを持たせないよう共産党に要請した。章乃器はそれだけでなく彼らの「驕傲自慢」さえ容認して、次のように述べている[58]。

中国の民族資産階級は愛国的であり、それは国民経済の回復と社会主義の建設のなかで、みな一定の積極的な作用を起すことができる。……思想教育の指導の面でかえって、ややもすれば傲慢・自惚れというレッテルで人を抑圧し、彼らの積極性を十分に発揮するのを邪魔してはならない。積極さはいささかの傲慢さを帯びるのであり、総じて消極的であることより、はなはだしくは「半積極性」が帯びる虚偽よりは良いことに思い至るべきである。

こうした立場に立つ章乃器は、共産党の対商工業政策にも言及する。彼によれば、当時における商工業者の改造とは大衆動員による過激なものではなく、話合いによる穏やかなものが必要であった[59]。章乃器には三反五反運動の再来を避けたいという気持ちが働いていたと思われる。

その上で、章乃器は民間の商工業者に積極性を発揮させるための方法を論じ、彼らの「資本主義のなかでの有益な経験と知識を社会の財産として受け継ぎ、社会主義に役立てる」ことの必要性を説いている[60]。特に章乃器が強調したのは人材の適正な配置と経営の合理化であり、次のように述べている[61]。

これは〔＝国営企業よりも資本主義企業の方が経済効率が良いのは〕、国営企業の組織が巨大になり、是非が明らかにならず、人事の選択・育成・抜擢が〝徳を重んじ才を軽んじ、出身をもって徳に代える〟ことの悪しき結果である。

当時、有能な経営手腕をもつ私営企業家や技術者が、その階級的出自ゆえに能力を十分に発揮できないという状況が広範に存在しており[62]、章乃器は企業の経済効率を高めるのは〝人材〟であることを熟知した上で、〝才能〟に応じた評価を行うことが企業活性化の第一のポイントであるとしたのである。

また、章乃器は資本主義国の商工業者は「一人に三人分の仕事をさせてこそ大儲けができ、企業を上手く経営でき、これに反して五人に一人分の仕事しかさせることができなければ、破産することを知っている」と述べ、経営合理化の必要性を説いたが[63]、当時の共産党の合営企業では、管理人員がかなり大きな比率をしめていた。たとえば上海新中電力機廠廠長・魏如によれば、彼の工場では技術者などを含む管理人員が六五〇人おり、それに対し生産労働者が九五〇人・養成工が一五〇人で約一対二の比率であった。魏如によれば、私営時は一般に一対六から一対一〇であり、日本・米国では一対二〇であった[64]。その他、章乃器は「公平で合理的な」勤務評定の必要を説いているが、新安電機廠副廠長・孫鼎は、政府代表が熟練工と新人との賃金を一律に決めたことに不満を述べ、年令給制度の有効性を強調している[65]。

人材や合理性などの重視は、自らも企業経営に携わったことのある章乃器ならではの見解だといえるが、彼は合営企業の経営主体の一つとして民間の商工業者を位置づけ、彼らは単に利潤を追求するだけでなく、〝企業家精神〟（原語・「企業心」）を持っており、それを発揮させる必要があると説いていた[66]。

しかしながら、章乃器は社会主義そのものを否定したのではなかった。彼の共産党批判は、セクト主義・官僚主義・主観主義に限定されていた。章乃器は共産党の指導に関しても、それを承認した上で、次のように指摘している[67]。

党組織は演劇の演出家であり、国家機構は役者、舞台美術と管理のための人材のようなものである。演出家は一般的には自分が舞台にあがる必要はなく、さらに舞台美術や管理人員に代るべきではない。このようにして、党組織は自己の頭脳をさらにはっきりとさせ、指導をより全面的・主動的にすることができる。

さらに彼は「集中の一面を強調して民主の面を軽んじ、一つのグループを育て、その他の意見の異なる個人やグループを圧倒し、道理を講じて是非を明らかにする姿勢を堅持せず、そのためにいささか独裁的な、そして家父長的な作風を増長してきた」共産党の統一戦線政策を批判したのであった[68]。章乃器は共産党に対してグラムシのいう「知的・道徳的・政治的指導権」の確立を求めたのであって、共産党の存在を否定したわけではなかった[69]。

また、「反右派闘争」では資本主義を復活させようとしたと批判されたが、彼は明確に社会主義的企業の優位性を前提に発言していた[70]。

社会主義的な企業・機関は、〝三害〟(＝セクト主義・官僚主義・主観主義)を粛清するだけで、標準的な社会主義的な企業・機関になる。そうすれば全体性を重視するけれども、労働者が主人公となる積極性が発揮されることで、各単位(＝企業)の工作効率は資本主義企業を超えることができる。全体としてみれば、生産と経営上の無政府状態を回避することで、資本主義国家に比べて幾数倍から何十倍にも強くなることができる。

要するに章乃器は現行の社会主義経済体制を否定したのではなく、むしろ共産党の社会主義建設を効率よく発展させるために、現状批判を展開したにすぎない。そこには中国経済の発展を最大の目的として言論活動を行った章乃器の立場が色濃く反映されていると同時に、政治的多元主義を主張した章伯鈞や羅隆基らとの違いが鮮明に現れている[71]。

しかしながら、彼自身も党内の一部からの批判は覚悟の上だったようで、あえて発言を続けたかの感がある。その彼を支えていたのは、中国の発展のためには、必要な批判は行うべきだという彼なりの愛国心に基づく責任感であった。彼にとっては共産党の誤りに対しても、言うべきことは言うというのが愛国者としてのあるべき態度であった。さらに前述した民間の商工業者が持っていた愛国心への自信・信頼も、彼の共産党批判を導いたように思われる。

この点に関して補足すれば、すでに章乃器は一九四九年段階で商工業者は共産党の左傾の誤りに関しては対応が鈍いと批判し、共産党の左傾の誤りは直接商工業者にダメージを与えるにもかかわらず、商工業者は共産党の圧迫を恐れて積極的に発言しないが、しかし商工業者は積極的に自己の意見を提出し、積極的に国家の情勢を管理しなければならないと主張していた(72)。彼は政府の誤りや不十分な点に対して批判する責任を持つことを自らに課していたが、それは自己の愛国心を現す方法の一つであり、「人民の」政治の実践と理解されていたように思われる。

また、「プロレタリアートの立場にしっかりと立っているか否かは、応答の言葉使いのうわべから判断する問題ではなく、かならず動機と効果に深く立ち入って検査しなければならない」というプラグマティクな彼の発想法も、積極的な批判活動の展開に影響を与えていたと思われる(73)。彼は共産党を賛美する「形式的な言葉」を並べることで、満足するわけにはいかなかったのであり、「効果」をあげるために活動したのである。

なお、当時、共産党内部において章乃器の見解に応答する立場が提示されていたことにも注意を払う必要があろう。張執一は一九五七年三月三一日に次のように述べて民族ブルジョワジーとの統一戦線の重要性を指摘した(74)。

人民民主統一戦線の問題は実質上、中国の労働人民とブルジョワジーとが連盟をうちたてる問題である。すなわち中国民族ブルジョワジーの人民民主統一戦線への参加を勝ち取る問題である。……中国共産党の各民主党派に対する指導は党の総路線と各種の政策・方針および党の辛抱強い説得・教育と模範的な行為を通じて実現する。……〔指導とは〕組織によって支配したり、少数を多数に服従するよう強制したり、脅迫や命令によってことをなすことでは絶対にない。さらには各共産党の組織や、あるいは各共産党員個人が自らを指導者と思い、その立場から任意に号令を発し、命令を行うことでも絶対にない。……もし我々がこの方面で大きな誤りを犯したなら、指導は強固にならず、はなはだしい場合は失われてしまう。

小結

章乃器は糧食部長として農村からの収奪の体制を整えるとともに、民建の幹部として過渡期の総路線のもと、民間の商工業者の社会主義改造を進めていた。そうした彼もおそらく一九五五年の潘漢年の逮捕から胡風事件へとエスカレートする動きに対して、ある種の危機感をもったのではないかと想像される。少なくとも統制と闘争の強まりは、章乃器が求めてきた民主とは異質であった。というのも胡風反革命集団に対する闘争の一大キャンペーンを展開するなかで、民建の内部では胡風の文芸思想については一切触れられなかったからである。胡風の「主体性」重視の文芸思想のどこが間違っているのか、その点に関する議論は絶無であり、共産党は無謬だと前提されたのである。

その一方で、潘漢年・胡風事件は、身近なところに、そしてそれなりの位置をもった人々のなかにも反革命分子が存在しており、そのことに対する警戒心を強めることが愛国の具体的な内容であることを人々に知らしめた。その警戒心を強めることをたんなるスローガンに終わらせないために、共産党の指示を主体的に受け入れる必要が指摘され、経済活動にまで及ぶ政治化、すなわち政治闘争の日常化・内面化が求められ、日常的な敵の摘発と、自白の強要が実践された。それは反右派闘争、プロレタリア文化大革命と続く、大衆動員の本格的開始ともいえた。そしてそれが「人民の」政治の実体化とみなされたのである。

こうした状況のなか一九五六年の整風運動の開始と、第八回大会における階級闘争の終結に関する決議は彼に再度、自説を展開するように促した。章乃器は「人民の」政治を実現するために、商工業者の主体的な政治参加を積極的に認めるよう、共産党に要求したのである。それは三反五反運動を経て彼のなかで深まった人身の保護、寛容の精神など、リベラルな諸価値を彼なりに守ろうとした結果であった。

同時に指摘すべきは、それは章乃器にとっては愛国心に基づくものであったことである。彼にとって「人民のための」政治を実現する社会主義は、愛国者が擁護すべき対象だったのであり、それが愛国の対象たりうるために必要なのは「計画経済と国営経済の強力な指導」であった[75]。

それゆえ彼は共産党の誤りにより経済建設に損害がもたらされたり、商工業者が苦痛を感じる可能性を指摘し[76]、私営商工業者の経営能力を尊重し、共産党の商工業政策に対する無謬性を否定したのである。

前述のように章乃器は、一九二〇年代からこの段階に至るまで、一貫して社会主義経済の優位性の承認を前提に言論活動を展開していたが、民間の商工業者の「知識と経験」を中国の経済建設に役立てる必要性も説いたのである。こうして鳴放期の章乃器は、私営商工業者のオピニオン・リーダーと目されるようになった。

しかし彼の意見は他の商工業者の見解と比べた時、決して過激ではなかった。例えば栄子正（天津市工商聯常任委員）はマルクス・レーニン主義は中国に適合せず、教条的であると考えたとして批判されたが、[77]章乃器はマルクス・レーニン主義を否定していない。また呉志超（上海市工商聯副秘書長）などは合営企業から政府側代表を撤退させるよう要求したが、[78]章乃器は政府代表の退出は求めていない。さらに鳴放において大いに論議された「定息」問題に関しても、章乃器はそれをブルジョワジーの搾取と見なすことには消極的だったが、当時商工業者の一部にあった「定息」支払いの延長要求に明確な形で同調しているわけではない。[79]

あくまで、章乃器は「人民のための」政治の具現化として社会主義体制を擁護し、社会主義中国の発展を目指すという立場から言論活動を展開したのである。それが章伯鈞や羅隆基が政治改革を求めたのとは異なり、章乃器があくまで人権の擁護、そして私営商工業者の主体性を認めるように主張するに留まった理由であろう。そしてこうした言論を正統化する根拠も、彼にとっては愛国であった。この段階でも彼は制度的な問題――「人民による」政治――については、依然として冷淡であった。

註

（1）金野純『中国社会と大衆動員――毛沢東時代の政治権力と民衆』御茶の水書房、二〇〇八年。

（2）工商聯は一九五三年に成立した組織で民建がもともと政治的な小党派として成立したことと比較すると、基本的には経済団体としての性格を持っていた。この時期は民建とともに共産党の工商業政策を個々の企業家へ伝える役割を担い、機関誌として『工商界』を発行した。なお以下でもとりあげる『上海工商』は上海市工商聯の機関誌である。

（3）楊、前掲「共産党のブルジョアジー政策の転換」。

（4）たとえば日本では、内閣官房内閣調査室編『中共人民内部の矛盾と整風運動』大蔵省印刷局、一九五七年がある。そのほか、陳権編『「鳴放」選萃』香港・自由出版社、一九五八年などが、またフェアバンクらが序文を執筆した、*Communist China, 1955-1959: policy documents with analysis*, Cambridge: Harvard University Press, 1962もある。

（5）山内一男「中国経済近代化への模索と展望」山内一男編『中国経済の転換』（『岩波講座　現代中国』二巻）、岩波書店、一九八九年、二九～三一頁。

（6）シュラム・矢吹晋訳『改革期中国のイデオロギーと政策――一九七八～八七』蒼蒼社、一九八七年、一〇二頁など。

（7）以上、土屋英雄『現代中国の憲法集――解説と全訳、関連法令一覧、年表』尚学社、二〇〇五年、二二～二五頁を参照のこと。また『劉少奇　中華人民共和国憲法草案報告　中華人民共和国憲法』外文出版社、一九五六年もあわせ参照されたい。

（8）章乃器「中国民主建国会総会委員会工作報告」（一九五五年四月三日）〔二・四四二、四五〇～四五二頁〕。

（9）胡風については丸山昇『文化大革命に到る道――思想政策と知識人群像』岩波書店、二〇〇一年、特に第六・

七章および同前「「建国後一七年」の文化思想政策と知識人」同『魯迅・文学・歴史』汲古書院、二〇〇四年から大きな示唆を受けた。丸山の研究の最大の優点は、反右派へ至る道の理解のためのひとつのケーススタディとして胡風事件に着目し、毛沢東の指導を受け入れてゆく高級官僚たちの心の揺れを丹念に描き出し、共産主義を奉じる人々にとっての「批判の自由」「良心に従う自由」などの重要性を指摘した点である。

(10) 胡風の思想の全体像については『胡風三十万言書』武漢：湖北人民出版社、二〇〇三年を参照されたい。

(11) 以下は丸山、前掲「「建国後一七年」の文化思想政策と知識人」などによる。

(12) 「在周揚関於同胡風談話情況的報告上的批語」、「為『人民日報』発表「関於胡風反党集団的一些材料」等写的編者按」中共中央文献研究室編『建国以来毛沢東文稿』五冊、北京：中共中央文献出版社、一九九一年、九～一〇および一一二～一一五頁。

(13) 「関於胡風反革命集団的第三批材料　編者按」『人民日報』一九五五年六月一〇日。

(14) 潘漢年は江蘇省出身で無錫の国学専修館で学び、一九二五年に共産党に入党した古参党員で、北伐時には総政治部宣伝科科長に就任した。長征にも参加したが、最終的には延安には行かず、途中で陳雲とともに上海へ戻り、そこでコミンテルンと関係を持った。抗日戦争中は諜報工作に従事、汪兆銘らとの関係も深めた。彼が毛沢東に疑われたのは、この諜報工作に起因するといわれる（http://zh.wikipedia.org/wiki/潘漢年　二〇一二年三月四日閲覧）。彼については張雲『潘漢年的一生』上海：上海人民出版社、二〇〇八年などがある。

(15) 以下、「擁護逮捕審判反革命分子潘漢年和胡風徹底粛正一切暗蔵的反革命分子！」（社論）『解放日報』一九五五年七月一八日。

(16) 羅瑞卿「全国人民団結起来、堅決、徹底、干浄、全部地粛清一切反革命分子――一九五五年七月二七日在第一届全国人民代表大会第二次会議上的発言」『上海工商』一九五五年一五期、一九五五年八月一〇日、一～八頁。

(17) 「中国民主建国会章程」（一九五五年四月一一日中国民主建国会第一次全国代表大会通過）〔二・四五三頁〕。

(18) 中国民主建国会中央常務委員会、中華全国工商業聯合会「関於提到警惕、分清敵我、徹底粉砕胡風反革命集団陰謀破壊活動的聯合通知」（一九五五年六月八日）『上海工商』一九五五年一三期、一九五五年七月一〇日、一〇頁。

(19) 「全市広大私営工商業者　憤怒声討潘漢年和胡風的反革命罪行」『上海工商』一九五五年一五期、一九五五年八月一〇日、九頁。

(20) 「在全国人民代表大会第二次会議上的発言　栄毅仁代表的発言」同右、一三頁。

(21) こうした共産党の異分子への容赦ない政策の根源には、「社会への根深い不信感」があったのではないかという興味深い指摘がある（笹川裕史『中華人民共和国誕生の社会史』講談社、二〇一一年、一七五頁）。

(22) 厳諤声「仇人一切進攻反革命活動的敵人」『上海工商』一九五五年一四期、一九五五年七月二五日、一四頁。

(23) 「在全国人民代表大会第二次会議上的発言　盛丕華代表的発言」同右、一九五五年一五期、一九五五年八月一〇日、一二頁。

(24) 念暉「従与論不一律到与論一律――学習関於胡風反革命集団材料的体会」同右、一九五五年一四期、一九五五年七月二五日、一七頁。

(25) 『油印本』中、四三頁。

(26) 李維漢「在全国統戦工作会議上関於一九五六年到一九六二年統一戦線工作方針（草案）的発言」（一九五六年二月二八日）。なお、この文献のオリジナルは『李維漢選集』北京：人民出版社、一九八七年に収録されていないため、叢進「我国民族資産階級何時消滅問題之我見」『党史研究』一九八二年四期、二八〜二九頁における引用を参照した。

(27) 「中国共産党第八回全国代表大会の政治報告についての決議」『中国共産党第八回全国代表大会文献集』一巻、北京：外文出版社、一九五六年、一四六〜七頁。ただし「中国共産党第八次全国代表大会関於政治報告的決議」

『建国以来重要文献選編』九冊、北京：中央文献出版社、一九九四年、三四一頁に基づき一部表現を変更した。

(28)「中国共産党第八回全国代表大会における劉少奇副主席の政治報告」(一九五六年九月一五日)日本国際問題研究所中国部会編『新中国資料集成』第五巻、日本国際問題研究所、一九八一年再版、二二〇頁。

(29) 姫田光義ほか『中国近現代史』下巻、東京大学出版会、一九八二年、五八〇頁。

(30) 朱永馨「関於我国建国初期的社会性質」『青海師専学報』一九八二年一期、二八〜二九頁。

(31) 姫田ほか、前掲『中国近現代史』下、五六二頁。

(32) 李維漢『回憶与研究』下巻、北京：中共党史資料出版社、一九八六年、八二〇〜八二二頁。

(33)『油印本』下・五四〜五六頁。

(34) 許滌新「論民族資産階級的両面性的問題」『民訊』六五期、一九五七年二月一六日、孫暁村「現階段中国民族資産階級的両面性問題」同前。

(35) 馬斉彬など編『中国共産党執政四十年(増訂本)』北京：中共党史出版社、一九九一年(以下、『執政四十年』と略称)、一二〇頁。また『毛沢東選集』五巻に掲載されたこの史料には、「梁漱溟、彭一湖、章乃器という連中には、屁を放りたければ放らせておけばよい。……臭いか臭くないか、みなに判断させ、……かれらを孤立させるのである」との記述がある(外文出版社版、一九七七年、五五二頁)。ただし、この第五巻は一九九二年に毛沢東の選集が再刊された際には、その存在が無視されており、党史研究における位置づけが曖昧である。その意味で毛沢東が一九五七年一月段階で、すでに章乃器を名指しで批判する方針を固めていた、という見解については判断を保留しておく。

(36)『油印本』下・四頁。

(37)「人民内部の矛盾を正しく処理する問題について(講話原稿)」マックファーカーほか編・徳田教之ほか訳『毛沢東の秘められた講話』下、岩波書店、一九九三年。その内容は現行の『毛沢東選集』第五巻の収録のものとは相当に異なっており、この点について徳田は、毛沢東が争鳴の展開に危機感をいだきはじめた五月後半から改訂作業に入り、六割以上を「切り捨て」、「反右派闘争へ向けての論理を注入した」と指摘している（同右、二一三頁）。

(38) 「継続放手、貫徹〝百花斉放、百家争鳴〟的方針」『人民日報』一九五七年四月一〇日。

(39) 前者が「湖南農民運動視察報告」、後者が「論人民民主専制」における毛沢東の発言である。この毛沢東を想定した批判は、一九五七年四月一五日の「民建中央常委委員会宣教工作座談会」における発言とされている（中国民主建国会・中華全国工商聯合会臨時工作委員会編印『関於右派分子章乃器的材料』第二集、出版社、出版年無（「序言」の署名の日附は一九五七年七月一一日）、三〇頁。なお章乃器が〝その人の道をもってその人を治める〟という毛沢東の言説を、名指しは避けて批判したのは、前述したように一九五〇年であった。

(40) 「中国共産党中央委員会関於整風運動的指示（一九五七年四月二七日）」『人民日報』一九五七年五月一日。

(41) 一九五七年五月六日に、民建常務会から各地の組織へ電話で通知がおこなわれ、成員が所属単位の整風運動に参加するか否かについて、本会はどんな呼びかけも働きかけもしないとした（『油印本』下・六頁）。

(42) 『執政四十年』一二四頁。

(43) 「不要怕被囲剿　不要怕被打撃　工商業者要大放大鳴　北京、天津、上海工商聯負責人挙行座談」『人民日報』一九五七年五月一二日。

(44) 『執政四十年』一二五頁。

(45) 章乃器「関於工商改造輔導工作的幾個問題」『大公報』一九五七年五月九日（下・五七七、五七九頁）。

(46) 「工商界人士在統戦部座談会上的発言」『光明日報』五月一七日。

(47) 上海市工商聯副秘書長・呉志超の発言（北京放送・五月一九日）内閣官房内閣調査室編、前掲『中共人民内部の矛盾と整風運動』一三六頁。

(48)「全国工商聯邀京津工商界代表人士　座談如何処理人民内部矛盾」『光明日報』五月一二日。
(49)「工商界人士在座談会上的発言」『光明日報』五月一九日。
(50)内閣官房内閣調査室編、前掲『中共人民内部の矛盾と整風運動』一三六頁。
(51)「工商業者要継続改造、積極工作」『人民日報』五月二三日。
(52)「傾聴党外意見　推進整風運動　中共中央統戦部邀各民主党派負責人　行座談会」『人民日報』五月九日〔下・五六三頁。ただしここでのタイトルは「在中共中央統戦部召開的各民主党派負責人座談会上的発言」である〕。
(53)章乃器「関於中国民族資産階級的両面性問題」（五月二〇日執筆）『工商界』一九五七年六期、六月一〇日、二頁〔下・五七一頁〕。
(54)同右〔下・五七一頁〕。
(55)「章乃器認為定息不是剝削　而是不労而獲的収入」『人民日報』一九五七年六月二日。
(56)前掲「工商界人士在統戦部座談会上的発言」。
(57)「章乃器在民建工商改造輔導会上説　除掉三害可以調動工商界積極性」『大公報』一九五七年六月一日。
(58)章、前掲「関於中国民族資産階級的両面性問題」三頁〔下・五七一、五七五頁〕。
(59)同右〔下・五七〇頁〕。
(60)章、前掲「関於工商改造輔導工作的幾個問題」〔下・五八〇頁〕。
(61)前掲「章乃器在民建工商改造輔導会上説　除掉三害可以調動工商界積極性」。
(62)上海公私合営三英電業廠廠長「私方技術人員的苦悶」および公私合営北京義利食品公司副経理・児家璽「信任不足、使用不当、支持不力、関心不够」『工商界』一九五七年六期、六月一〇日。
(63)章、前掲「関於工商改造輔導工作的幾個問題」〔下・五七一頁〕。
(64)「徹底敞開、幇助共産党除〝三害〟上海工商界人士在中共上海市委宣伝工作会議上的部分発言紀要」『工商界』

一九五七年六期、六月一〇日、二九頁。
(65) 同右。
(66) 章、前掲「関於工商改造輔導工作的幾個問題」〔下・五七九頁〕。
(67) 章乃器「従〝牆〟和〝溝〟的思想基礎説起」『人民日報』一九五七年五月一四日〔下・五六六頁〕。
(68) 同右〔下・五六七頁〕。
(69) グラムシ「イタリアにおける国民と近代国家の形成と発展の上での政治指導の問題」『グラムシ選集』二巻、合同出版、一九六二年。
(70) 章、前掲「関於工商改造輔導工作的幾個問題」〔下・五七八～五七九頁〕。
(71) 章伯鈞や羅隆基らの活動についての研究は、中国でもようやく本格化しつつある。章伯鈞については姜平『章伯鈞与中国農工民主党』広州：広東人民出版社、二〇〇四年、羅隆基については劉志強『中国現代人権論戦――羅隆基人権理論構建』北京：社会科学文献出版社、二〇〇九年がある。
(72) 章、前掲「平津工商業的新生」〔五二三頁〕。
(73) 章、前掲「関於工商改造輔導工作的幾個問題」〔下・五七七頁〕。
(74) 張執一「関於人民民主統一戦線的幾個問題」『大公報』一九五七年三月三一日。
(75) 章、前掲「新民主主義的民族工商業家底任務」〔下・一一五頁〕。
(76) 章乃器「経済的改造――消腫、去腐、生新」（原載：『新建設』二巻八期、一九五〇年五月）章、前掲『論中国経済的改造』一二〇～一二二頁。
(77) 「天津工人和工商業者展開反撃　在活的事実面前栄子正的謬論破産」『人民日報』一九五七年六月一七日。
(78) 「購買二十年好不好？撤出公方代表行不行？」『人民日報』一九五七年五月二一日。
(79) 「在昨天民建中央和民建北京市委召開的会議上工商業者対有関資産階級政策的幾個問題発表意見」『光明日報』

五月一四日における芸華楽器廠工場長・張煥堯の発言。なお、章乃器の「定息」に関する見解は、章、前掲「関於工商改造輔導工作的幾個問題」を参照のこと。彼は、「定息」は民族資本家個人に則していえば不労所得であり、階級の観点から見れば、搾取の残滓である、ととらえていた。

第六章　反右派闘争と章乃器

問題の所在

本章では一九五七年の反右派闘争時期を扱う。従来の反右派闘争に関する研究では、共産党はなぜ自由化政策から急激に言論弾圧に転じたかに問題の関心が集中した。ここではまずこの点に関して、従来の研究をごく手短に総括し、筆者の分析の前提としておきたい[1]。

言論の自由化を促進した国内的要因としては、社会主義改造（一九五六年）後の社会矛盾の蓄積の解消の必要性、国際的な要因としてはソ連におけるスターリン批判（一九五六年二月）の影響が指摘された。弾圧への転換の要因は、当該時期の農民などによる抵抗の激化に危機感をいだいていた共産党が、ハンガリー動乱（同年一〇月）などの東欧における反ソ傾向を、ソ連同様に政策批判ではなく体制批判だと理解し、一九五七年五月に高揚した予想外の共産党批判に対して、極めて強い危機感を持ったことだと理解されている。

さらに反右派闘争の歴史的意義として、この言論弾圧によって共産党批判を行いうる知識人層が根こそぎにされ、それ以後の大躍進政策やプロレタリア文化大革命の発動などを批判し抑制する勢力が完全に喪失したことを強調している。共産党の政策の急進化を推し進める政治条件を整備したのが、この反右派闘争だった。

民建に即していえば、章乃器は前述のとおり一九四〇年代から民間の商工業者の政治的・経済的権利を擁護しようとしており、彼の議論は反右派闘争以前から民建内部でも批判を呼び起こした。反右派闘争において民建は、章を批判することで、当時の政治環境のなかで生き延びた。だがそれゆえに章乃器の思想に対する民建内部の批判を検討することで、当時の中国社会のかかえた問題の特質が明らかになるように思われる。

第一節　反右派闘争の開始

現在確認できる史料でもっとも早く、毛沢東が鳴放のなかに危険な傾向を感じたことを示しているのは、五月一二日の林克の日記（手稿本）だといわれる。それによれば毛は林に対して、章乃器・羅隆基・章伯鈞・陳銘枢を名指しし、共産党の指導を揺るがせかねない言論を展開していると批判している。[2]

さらに五月一五日には、毛沢東が「事態は変化しつつある」において、党外の知識人のうち右派が一～一〇%を占めており、修正主義に対する批判に注意し始めるべきであると指摘し、この毛沢東の文章は発表前に幹部の閲覧に供せられたとされる。同月一六日には共産党中央が「目前の党外人士の批判に対応することについての指示」を発し、右派を孤立させるための闘いを進めるよう伝達した。[3]具体的に章乃器が反右派闘争の対象として明示されたのは、一九五七年五月二七日に鄧小平が省・市・自治区書記会議で行った講話のなかであった。[4] 六月五日に毛沢東が民建の最高指導者・黄炎培に対して、章乃器・章伯鈞・羅隆基らを「右派」と認定したとされるが、[5] 五月末には章乃器批判は準備されていたと考えて差し支えなかろう。

こうした準備期間を経て、六月一日に共産党の中央統一戦線工作部が民主党派の中央責任者と無党派民主人士を招集した座談会で、何香凝は「口では社会主義を唱えるが、心が向かうところは資本主義、頭のなかで憧れるのは欧米式の政治という人たちがいる。私は彼らを右派と認定する」との書面談話を提出した。[6] これが当面する国内問題に関して、『人民日報』紙上でもっともはやい時期に提起された「右派問題」であった。

何香凝は周知のように、国民党革命委員会の指導者で、国民党左派の代表的政治家・廖仲愷の妻、そして共産党員・廖承志の母親であるが、彼女の口から右派への批判が発せられた段階で、共産党の反右派への動きが事実上公にされたといえよう。四日の林克の日記によれば、この日毛沢東は右派は蔣介石・帝国主義と「共同の点」を持つと断罪し、右派への「全面進攻」の開始を決めた。[7]

人民共和国成立以前はリベラルな傾向が強いとされ、中華民国期に引き続き、知識人のなかでも上層に人気があったといわれる『大公報』[8] では、六月六日に章乃器に対する最初の批判記事が掲載された。この日、民建内部でその後の反右派闘争で章乃器批判の急先鋒となる呉大琨が、「章乃器の発言に不同意である」と指摘したことが報道されたのである。[9]

こうして『人民日報』が六月八日、儲安平の〝党天下論〟への批判を本格化させるとともに、社論「これは何か?」において、譚惕吾を批判した盧郁文に対して何者かが脅迫状を送りつけたことを紹介し、右派による革命勢力への攻撃の可能性を示唆した。これが革命の防衛が共産党と人民の任務だと宣伝する根拠とされた。六月八日を反右派闘争の開始と一般に理解するゆえんである。ちなみに当日の『人民日報』には、毛沢東の指示により章乃器批判を目的とする「『特殊な材料でできている』について――章乃器氏との討論」も掲載された(10)。

六月一八日には民建中央常務委員会第三七回会議が章乃器の『光明日報』社務委員(民建代表)の職務を取り消し、代わりに共産党員でもある孫暁村を推薦するなど、彼の政治的な活動も封じられてゆき(11)、翌一九日、次のような章乃器批判の典型のひとつが発表された(12)。

章乃器の一系列の荒唐無稽な言論はすでに思想問題ではなく、さらに理論上の論争問題でもなく、反動的な政治行動の問題である。これは社会主義と資本主義との間の二つの路線の闘争である。……我々は章乃器の反動的な活動に対して闘争するとき、我々と右派分子との思想上・行動上の違いを明確にし、自分自身を検討し、鍛練して立場をしっかりとしなければならない。

しかし前述したように彼は決して共産党の指導の枠組みから逸脱するつもりはなかった。社会主義を擁護するという点でも、彼は主観的には共産党員にも引けを取らないとの自信があったように思われる。にもかかわらず、章乃器に対する批判は広範に展開され、彼の一九三〇年代における「罪状」まで指弾され、彼は資本主義を復活しようとしたと批判されることになったのである。こうした批判の直接的な要因は次の魯沂の指摘からうかがえるように思われる。

いく人かの商工業者は確かに一時彼によって迷わされた。彼の言論の影響のもと、なん人かの人々は一層傲慢になり、改造をゆるめ、マルクス・レーニン主義は中国に適合せず、教条的であると考えた。はなはだしきに至っては、講習班のメンバーの数人は学習に参加しなくなり、いく人かの人々は、工商界を改めて批評する人は〔民族資本家の〕積極性に打撃を与える者であり、階級関係の存続を改めて提起する人は民族資本家を圧迫する者である、と考えた。ある者は企業中の政府側代表の指導を否認し、ひどい者になると政府側代表の撤退をもとめさえした。さらに〝定息は光栄あるものであり、合理的〟であると考え、数年多く受け取ることを要求する者もいた。またある者は〝五反〟での裁判を覆すよう求め、ある者は資本主義的な経営方法の復活を要求するなどした。……〔このため〕形勢は大混乱した。

改めて指摘すれば、章乃器は「大混乱」という情勢、すなわち商工業者の「〔共産党への〕不満」「尊大さ」「驕傲さ」の噴出という情況は、彼らの積極性を高めるために必要なものだと肯定していたのであり、共産党の指導性は「彼ら〔＝商工業者〕が仕事の上で成功を得るように〔共産党が〕力を尽くして援助する」ことで実現し、保障されると考えていた。[14] 少なくとも魯沂が紹介している商工業者の行動が、直接的に資本主義を復活することになるとは思えず、また魯沂が批判した見解には章乃器の発言の限界を越えるものも含まれていた。

とすれば共産党は章乃器の言論活動をその商工業政策の枠を越えて、商工界の再編成へと連なるものと位置づけ、前述の栄子正らのラディカルな共産党批判の責任を章乃器に負わせたと考えられよう。この点に共産党の自らの指導性に対する「独善性」と、章乃器の言論活動に対する大きな危機感が端的に示されている。

こうして六月二五日民建中央常務委員会は、第三九回会議で「中国民主建国会中央常務会が全会をあげて整風を展開することに関する決定」を通過させ、また民建と工商聯は章乃器に対する闘争のための「工作委員会」を成立させた[15]。章乃器の言論は商工業者の上層から下層に至るまで影響を与え、彼の批判は民建・工商聯という商工業者の団体を舞台に展開せざるをえなかったのである。以下では「反革命の楽園」とまでいわれた上海での章乃器批判について考察する。

第二節　上海民建の章乃器批判とその意味

上海における章乃器批判の展開過程

民建の上海市委員会は、六月二二日附の機関誌『上海民訊』で章乃器批判の必要性を次のように総括した[16]。

章乃器の問題について、我々民建の構成員は態度を表明し、この闘争に身を捧げ、民建の組織も態度を表明しなければならない。……闘争のなかで章乃器の謬論を批判し、自己の実際と関連させて自分に反党反社会主義の思想が有るか否か検討しなければならない。これは組織に対して、自己に対して有利であり、このようにして、我々の組織の戦闘力を強めることができるのではなかろうか。

とはいえ反右派闘争がはじまった六月八日以降でも、九日に章乃器の「工商改造輔導工作のいくつかの問題について」が『大公報』に、一〇日附の『工商界』(一九五七年六期)には「中国民族資産階級の両面性の問題について」(執筆は五月二〇日)が発表された。これらの文書は共産党内部の官僚主義・セクト主義・主観主義を批判し、「民族資産階級」の「二面性」を否定した文書であり、その後の反右派闘争において章乃器批判の根拠とされたものであった。こうした文書が共産党中央の言論弾圧方針が決定されて以後も発表されていることに、章乃器批判が相当に混乱していたことが示されている。

こうした筆者の推論に対しては、五月中旬以降の毛沢東は、謬論を敢えて公開させるという方向へ転じたのであり特に問題とするには及ばない、という批判もあろうが、他の右派分子の批判対象となった言論の多くが、六月八日までに現れていることを踏まえると、違和感を感じさせるものではなかろうか。少なくとも以下に素描するように上海の民建における章乃器批判には、相当の混乱がみられる。

民建上海市委員会の機関誌である『上海民建』で確認できる最初の右派批判の動きは、一九五七年六月一五日に現れている。ここでは「拡大会議において多くの同志は目前の錯誤思想を批判した▲右派分子が機に乗じて社会主義に反対することを決して許さない」との見出しのもと(▲は原文の改行を示す)、六月一二日に常務委員会拡大会議を開き、「共産党の指導に反対し、社会主義に反対し、プロレタリアートの指導に反対する謬論を痛切に批判した」との報道がなされた(17)。ただしここでの右派は一般的に指摘されているだけで、章乃器が名指しされているわけではない。

しかし、この六月一二日の拡大会議は、民建上海市委員会の日常活動を広報した『工作簡訊』一一期（一九五七年六月一日～一五日）の手書き原稿（「底稿」）によれば、言論の自由化期における「謬論」への検討の模索が始まったに過ぎない。「底稿」は一二日の拡大会議には「いくつかの謬論に対するために四つの問題を提出」したとしながら、第一の「謬論に対する反批判の展開は「放」（＝言論の自由化）に有利なのか、それとも「放」に不利なのか、あるいは「収」なのか」で筆が止まっている。編集の詳細な意図は不明だが、一二日の拡大会議の報告は当初は「放」を推し進める立場から立てられていたと思われ、少なくとも章乃器批判を具体的に計画していたのではなかった。[18]

にもかかわらず、この四つの問題に関する文章全体が取り消し線を附され、最終的にこの「底稿」が六月一一日（おそらく一二日の誤り）の会議の内容として記したのは、次のようなものであった。[19]

機関支部委員会は拡大会議を開き、最近の鳴放のなかで現れた各種の反社会主義的な言論に対して一致して憤慨の意を表し、皆は葛佩琦、儲安平、章乃器などの右派分子の謬論に対して激しく痛切に批判したほか、学習を深めて警戒を強め、立場を確固たるものにして境界を明確にし、一切の社会主義に不利な謬論に向かって断固として闘争を進めなければならないとした。

一二日の拡大会議は、右派一般に対する批判ではなく、章乃器を名指しした右派分子への批判を開始するための会議にしたてあげられたのである。ちなみにこの「底稿」は六月二一日に脱稿したことになっている。[20]こうした編集過程を振り返ったとき、一二日より民建上海市委員会が章乃器を名指しして反右派闘争に立ち上がったかのような報道は、「歴史のねつ造」だといわざるをえない。[21]

同様に七月三日に起稿した『工作簡報』一二期（一九五七年六月一六日〜三〇日）の「底稿」では、編集作業の進展のなかで、当初は書かれていなかった「章乃器と境界線を引き、立場を固めて、断固として闘争を進めることを一致して表示した」との句が後に挿入されている。[22] この推敲作業からも、民建上海市委員会の幹部が、なんとか反右派闘争の対象に加えられないように、共産党に対して自らの政治的な忠誠心を示そうとした様子がうかがえる。

こうした変化を促した共産党からの指導は、一二日から一五日までの間に上海民建の幹部に伝わったと思われるが、①『上海民訊』の六月一五日の報道では章乃器への名指しは行われていないこと、②『大公報』の見出しに初めて「右派分子」「階級闘争」という語が出現したのが、六月一七日だったこと、③この日から章乃器批判の具体化の例として、章を支持した人々の自己批判が『大公報』で掲載されはじめたことなどから推測すれば、民建上海市委員会で章乃器批判が具体化するのは、六月一六日以降と考えるのが妥当だと思われる。[23]

ただし、この時期の上海民建の動向を理解するうえで不可欠の史料だと思われる前掲『市民建工作日記簿』（手稿本）には、六月一二〜一六日までの記述がない。破棄した形跡もなく、なんらかの理由からこの時期の記録を残すことができなかったものと思われ、分析をさらに深めるためには、新史料の発掘が不可欠である。だが、いずれにしても共産党中央の判断が、ただちに上海へ伝わり実践されたわけではないことは確認すべきであろう。

民建上海市委員会における章乃器の支持者

かかる混乱した対応はなぜもたらされたのか。この点をさぐるために、「章乃器の反動活動に対する闘争を進めよう」と題する特集号として発行された六月二二日附の『上海民訊』の内容を確認する。[24] この特集号のなかで特に編集者が力を注いだと思われるのが、六月一九日の座談会でおこなわれた会員・貝締華の誤った意見への「批判」と「援助」を宣伝することであった。

貝は最終的には自らの過ちを認めることになるのだが、自己批判のなかで彼が章乃器を支持した理由として述べたことに、筆者は興味を持っている。というのも、そこからは上海民建の混乱と、章乃器の言論の支持者が多かったことがうかがえるように思われるからである。たとえば貝締華が「章乃器を批判するよう呼びかけることは副作用を生じ、商工業者に必要のない心配をいだかせることになり、今後、『知っていながら言わない』ことにならないのか」と考えていたことが紹介されている。さらに貝の「誤った意見」として次のような発言も紹介された。

私は章乃器の誤った思想は人民内部の問題だと考えている。……現在、いく人かの同志は彼の言論が示している誤りの所在に的確に対応しておらず、問題外のことを論じ、断章取義のレッテルを貼り、ある同志はさらに彼の過去のごく些細な言論を根拠としている。それは本当に私をして「罪を着せようと思えば、方法はいくらでもある」との感想を持たせるものである。〔これでは〕人に今後、あえて思想を表明しないようにさせ、「知っていても言わない」ことになってしまう。人が間違ったことを言ったとき、ただちにみなが批判するのは、「囲剿」ではなくて何なのか？『上海民訊』の意図は、会員にどのような発言が右派のレッテルを貼られるかを教育するためのものであったが、共産党の政治批判の恣意性や行き過ぎに対する反感は、決して貝だけの特殊なものではなかった。たとえば六月四日の『大公報』の社説が次のように指摘して、これまでの共産党の思想統制に対する違和感を表明していた。

批評のなかで行過ぎ、事実と符合しないものだけを見れば、やり切れなさを感じ、はなはだしきは反発感を生じてしまう。……過去数年の間、人民内部の矛盾を解決する際に、非常に激しく〔「狂風暴雨」〕冷酷無情な批判が現れた。敵対的な闘争においては、粗暴な手段を用い善良な人を誤って傷つけたことがある。しかし〔これは〕また永遠に繰り返してはならない誤りである。

さらに六月八日の工商界座談会では、次のような発言もあった[25]。

過去のいく人かの指導者の作風は民主的でなかった。反対意見に対しては常に「一撃のもとにやっつける」であり、それゆえ今日でも、「棍棒」に対してびくびくしている。……反対意見に対して寛容であること、これは重要な民主的な作風の問題であり、今後の長期の鳴放のなかで各人がこの作風を養うべきである。

他方、共産党が章乃器の路線上の誤りと定め、上海民建でも大いに喧伝されたのは、①「民族資産階級」の両面性の否定、②「民族資産階級」が社会主義改造にともない差し出した資産に対する利息が搾取であると認めることの否定、③「民族資産階級」の改造の必要の否定の三点であった[26]。同時に共産党は「民族資産階級」の支持を得るために、整風そのものは継続すると強調していた。具体的には共産党および労働者側の経営への関わり方に対する批判は認めている[27]。

だが、こうした共産党の言論の誘導とは別のところに、「民族資産階級」が章乃器を支持した理由があったように思われる。すなわち一九五七年五月一二日附の『上海工商』では、章乃器と同じように資本家の立場を擁護しようとした李康年に対する批判の有り様を問題視して、簡単に激高し暴力に訴える傾向があり、その批判には理を説くこと、良心のある話をすることが少ないとの見解が示された[28]。さらに五月一八日には、李康年の問題提起をめぐっては実事求是で検討すべきで簡単に処置してはならず、さらにそれに一撃を食らわせてはならないと強調された[29]。反右派闘争が開始された後の『上海民訊』でさえ、次のように報道していた[30]。

ある人は今回の整風の方法は〔暴風式の闘争ではなく〕「穏やかな風・細やかな雨」であり、小さな会議の方式を採用し、大会は開かないと考えている。しかし多くの場所で百人以上の大会が開かれ、復旦大学のごときは一六〇余名の大会を開いている。しかも二日目の報告は消息〔＝個人情報〕を発表し、圧力は大きく、いくつかの基層単位では黒板に批判を書き連ね、はなはだしい場合はハンドマイクを使った。これはたいそうひどいものであろう。

この点に関して興味深いのは、李維漢の回想によれば、一九五六年段階で章乃器の議論は一部の民主人士・資本家の歓迎と同情を受けたのだが、それは章乃器が共産党の「民族資産階級」に対する行き過ぎた闘争を批判し、その過程で無実の罪で批判・処罰された彼らの名誉回復を求めて、共産党員と彼らの対等平等な関係を作り出すべきだと主張したためであった[31]。貝締華も、彼が章乃器の影響を受けることになったきっかけとして、三反五反運動の際の章乃器の資本家擁護の論争をあげている。

とすれば「章乃器が発表した誤った言論は、工商界において一定の市場を持っており、彼の扇動・挑発によって、すでに工商界には思想的混乱が引き起こされ、社会主義改造の事業に危害を与えている[32]」とされたのは、章乃器の「民族資産家級」の個別の権利をめぐる議論というよりも、共産党のこれまでの政治指導そのものへの批判的な言論だったのではなかろうか。三反五反運動における資本家に対する人権無視の取り調べの実態は、前掲楊奎松論文に詳しく、本章で改めて詳細に紹介することはしないが、このときの心理的な負担はずいぶんと大きかったように思われる[33]。それだけに「反革命粛清」をも含む、共産党のこれまでの政治指導の具体的な有り様への批判は根強かったのであろう。

毛沢東が反右派闘争に先立ち、反革命粛正、物価、外交政策の三点についての報道規制を林克に伝えたとの記述は、毛が争鳴で提示された言論のうち何を恐れたかを示している[34]。章乃器は章伯鈞や羅隆基らとは異なり、人民共和国の政治制度の民主的な変革を求めたわけではなかった。それにもかかわらず、彼らと変わらない厳しい批判を受けたのは、共産党の指導権を個々の国民の人権の擁護という立場から批判し、潜在的に共産党の大陸統治の脅威となりうる「民族資産階級」の支持を得ていたためだったといえよう。

ところで、周知のように反右派闘争中もその後も、他の「右派分子」と認定された多くの知識人とは異なり、章乃器は自分の誤りを本質的な部分では認めなかった。それだけ批判のボルテージはあがったのだが、そうした章乃器の確信はどこに求められるのだろうか。

筆者はこの点について、彼の個性の問題以上に、章乃器が一貫して生産力が低次のレベルにある中国においては資本主義の発展は必要である、とした劉少奇の一九四九年春の天津講話を理論的な根拠とした点に着目している。当時はさらにそれに一九五六年の八全大会の決議が加わった。章乃器の主観においては、彼は全く共産党中央の路線の枠内、少なくとも劉少奇の言論の枠内で行動していたに過ぎない。さらに一九五七年四月二七日になると、上海市委幹部大会で劉少奇が「如何に人民内部の矛盾を正確に処理するか」について講話をし、「国内の主要な階級闘争はすでに基本的に終了し」、人民内部の矛盾を敵対的な矛盾として処理する観点は誤りであると指摘した。(35) それは前年の八全大会の決定を改めて強調するものであり、章乃器や「民族資産階級」を大いに勇気づけるものとなったろう。

また李維漢を部長とする統一戦線部も、一九五七年一月一七日、民建の第二回中央執行委員会における章乃器の「民族資産階級」の二面性の否定などを取り上げ、原則的には誤りとしながらも、その意義について次のように評価していた。(36)

彼〔=章乃器〕はまた確実に我々の工作の欠点と偏りを掌握しており、特に彼はあえて資産階級を代表して公開的に先鋭に〔共産党を〕批評し闘争をおこない、深刻に我々の工作の欠点を知らせてくれ、タイミング良く資産階級の動向を知らせてくれる。これは我々にとって全く有利である。章乃器のこの方面の積極的な作用と、潔く我々の向こうを張る積極性は、攻撃すべきでないだけでなく、重視すべきである。

章乃器の批判が決定的となった六月末でさえ、共産党の上海市委員会では右派分子に対する同情的な立場が示されたという[37]。さらに一九五七年一二月二日から一六日まで開かれた第九回全国統一戦線工作会議において、劉少奇は目前の党の統一戦線工作ではおそらく「左」の誤りを容易に犯しやすい。現在「左」であれば皆はすべて賛成し、右派に配慮する必要がないといえば、全員が拍手するなどと当面の状況を説明している。これらの点をあわせ考えると[38]、共産党内部にも章乃器の議論と共鳴する部分がそれなりに形成されていたことが理解されよう。

筆者はその事実こそが、毛沢東が章乃器を名指しで厳しい批判を展開するに至る、もうひとつの要因だったと考えている。章乃器と連携しうるのは民間の商工業者だけではなかったのである。たしかに共産党の内部の支持者あるいは章乃器の議論を容認した人々が、リベラルな思想傾向を持っていたとはいえない。劉少奇ら権力中枢にいた人々が、リベラルな思想を容認すると考えることは、あまりにナイーブであろう。だがたとえば右派分子に認定された共産党員のなかには、劉賓雁や王若望らのちに第二次天安門事件で弾圧される民主化運動の指導者が含まれていた。

丸山昇が指摘したように、一九八〇年代末の民主運動を弾圧したのは共産党だが、その運動を生み出した力の根源のひとつが共産党内部にも存在していた[39]。章乃器の議論に即していえば、共産党内部にも、「民族資産階級」の主体性を承認する方向性は存在していた。少なくとも、一九五〇年代後半においては暴力をともなう二者択一的な「階級闘争」を批判する人々は少なくなかった。もし〝個の尊厳〟を基本とするリベラリズムが社会に定着するか否かが、一人ひとりの国民の主権者としての主体意識と、自己と他者に対する基本的人権の理解の深度に関わっているとすれば、一九五〇年代半ばの中国社会は我々が想像する以上の成熟度を示していたのではなかろうか。

小結

章乃器は商工業者に鳴放を呼びかけるにあたって、「今後、民建と工商聯は商工界の状況をあるがままに反映し、あわせてあえて〝鳴放〟した人が打撃や報復を受けないよう完全な保障を与える必要がある」と述べた[40]。ところが、「工商聯の幹部は群衆から離脱し、工商聯は党と政府が作り出したものである」との不信感が表明され[41]、「工商聯の指導者には〝左になるとも右になることなかれ〟という作風が普遍的に存在しており、……多くの商工業者は工商聯にゆくことを願わない。なぜなら、問題が解決しないからである。対応が良くないことも、他人が店じまいをしようとしないせいではない〔工商聯の対応が悪いのは、会員が過大な要求をするためではないことへの皮肉〕」といわれていた[42]。

それだけでなく、工商聯内部では天津工商聯副秘書長・田玉璞が指摘したように、生活に困窮した下層が労働組合への参加を希望するような状況も生まれていた[43]。因みに「国家が毎年定額利息として支払う金額は一億二千万元、定額利息を受け取る株主は一一四万人に及んだ。一人当たりにすると〔年〕平均一〇五元にすぎ」ず[44]、零細な商工業者の多くは、労働者に比べて賃金が低いといわれる状況であった。まさに北京市工商聯副主任委員・李貽賛のいうように、工商聯内部において「中上層の商工業者は名誉と地位に血道をあげ、中下層の商工業者は生活問題に血道をあげてい」たのである[45]。

とすれば、民建や工商聯が鳴放した商工業者を政治的に守ろうとすれば、幹部が共産党に対して相対的に独自な立場をとるだけでなく、共産党への圧力団体たりうるよう自らの陣営の組織力を強化するなど、何らかの手立てをつくす必要があった。少なくとも民建および工商聯の指導的幹部の一人であり、鳴放した人々の安全を「完全に保障」する必要を説いた章乃器には、民建や工商聯を単なる共産党の商工業者再編の道具にとどまらない、「工商界の状況をあるがままに反映」することができる組織に改革する任務が課せられていたはずであり、商工業者の内部矛盾を解決する必要もあったといえる。

しかしながら、章乃器は商工業界内部の矛盾については、ただ「高賃金の人はけっして多くはなく、多くの人は労働者に比べて低賃金である(46)」、「目前の情況からいえば、商工業改造の補導工作中における正確な大衆的観点とは、商工業者、特に中下層の苦しみに関心を持ち、生活面での問題と工作面での問題とを統一することである」と述べるにとどまり(47)、工商聯の組織力を高める具体的な方策を明らかにしていない。

また、民建に関しても、前述のように「私は民主党派の工作に興味を持っていない。民主建国会に参加したが嫌気がさし何回か退きたいと考えた」と述べており、「〔章乃器は〕章〔伯鈞〕羅〔隆基〕のグループからは同調をもとめられたが、努めてこれを回避した形跡がある」と推測された(48)。彼が民建を圧力団体として機能させるために積極的な組織活動を行ったとは考えがたいのである(49)。

だが、工商聯がもともと共産党が組織した商工業者の結集体であること、またすでに民建が共産党の指導下、組織的な統制を受けていたことなどを考えると、章乃器がこれらの団体を共産党に対する圧力団体へと改変できなかったのは、やむをえなかったともいえ、当時の政治情勢を無視して、章乃器を責めるわけにはゆかないであろう。

しかしながら、章乃器が自らの発言を実体化しえなかった要因は、単に政治的な力関係だけにあったのではないと思われる。彼は政治制度に関してはほとんど言及しておらず、わずかに触れた場合でも次のように述べ、現行の組織の改変ではなく、その充実をもとめていたに過ぎなかった(50)。

少なからぬ党員が国家機構の役割に対して、まだ十分な認識を持っておらず、国家機構は党が革命を進行し、社会主義を建設する武器であることを十分認識していない。このため、国家行政機構が十分に運用されていないだけでなく、国家権力機構もまた十分に重視されていない——すなわち県以下の人民代表大会は不正常で充実していないという情況が厳然と存在している。

すなわち章乃器は政治制度の民主化に関して、羅隆基や章伯鈞らのように自らの展望を示さなかったのである。この点に章乃器の特徴の一つがあったと思われる。つまり、彼は「人民による」政治としての民主化を体系的に論ぜず、現実の政治制度を承認したうえで、鳴放したのであって、章乃器にとって鳴放とは民主化運動ではなく、共産党の呼びかけに応じた意見提出に過ぎなかった。

それゆえ章乃器は鳴放した知識人を共産党の攻撃から守る必要性を論じながらも、それを実行するための運動論——民建や工商聯の改革などの具体的方策——を提示できなかったのである。その結果、共産党が当時示した民主化実現の可能性に依拠するしか、章乃器には「言者無罪」を保障する道は残されていなかった。

だが毛沢東は章乃器を「右派分子」と断罪し、章が求めた新しいグラムシ流の指導は確立することはなく、人民民主統一戦線へ商工業者の参加を勝ち取るという問題も十全には解決されなかった。それは民間の商工業者の積極性の発揮を妨げ、主として合営企業に担われた軽工業部門における消費物資の生産増大という、経済上の重要問題を解決する方策の一つを失うことを意味した。

この後、「反右派闘争」で抵抗勢力を押さえ込んだ毛沢東は「大躍進」を推し進め、「文革」という大混乱を中国にもたらすが、この間、彼が一貫して自らの政策の正当性根拠を愛国においたことは、象徴的である。少なくとも一九五七年段階の中国において、毛沢東のいうほどの対外的な危機が客観的にあったとはいえず、彼は対外的危機を強調することで、中国のリベラルな思想潮流をひとまず伏流させたのである。

註

(1) 一九五七年の政治的転換に関する最も詳細な研究は、沈志華『思考与選択——従知識分子会議到反右派運動』香港：香港中文大学中国文化研究所当代中国文化研究中心、二〇〇八年である。本書は未公刊・未使用の檔案史料を駆使し、国外の研究者の追随を許さない実証研究を行っており、本章でもしばしば参照した。

(2) 沈、前掲『思考与選択』五五四〜五五五頁。沈が典拠としたのは未公刊の林克の手稿本日記である。

(3) 『執政四十年』一二五頁。

(4) 沈、前掲『思考与選択』六〇七頁。

(5) 章立凡「四十年前是与非——先父章乃器在一九五七年」『中国研究』二七期、一九九七年、一二頁。

(6) 「何香凝的書面発言」『人民日報』一九五七年六月二日。

(7) 沈、前掲『思考与選択』六一一〜六一二頁。

（8）岩間一弘『演技と宣伝のなかで――上海の大衆運動と消えゆく都市中間層』風響社、二〇〇八年によれば、中共上海市委員会の宣伝部は「大知識分子（一部の資本家・公共職員、とくに技術人員）」への宣伝を『大公報』に期待した（一九～二〇頁）。
（9）「民建中委員大琨不同意章乃器的発言」『大公報』一九五七年六月六日。
（10）沈、前掲『思考与選択』六一三～六一六頁。また中共中央文献研究室編、前掲『建国以来毛沢東文稿』六冊、一九九二年、四八九頁も参照のこと。
（11）『油印本』下・二七頁。
（12）「中国民主建国会中央常務委員会・中華全国工商業聯合会聯合指示　全国工商業者団結起来、立即展開対章乃器的反社会主義的活動作堅決的闘争」（一九五七年六月一九日）中国民主建国会中央常務委員会宣伝教育処編『批判章乃器反社会主義思想専集』一集、一九五七年七月、九～一〇頁。
（13）魯沂「工商界反右派闘争問答」『工商界』一九五七年八期、一九五七年八月一〇日、二六頁。
（14）章、前掲「関於工商改造輔導工作的幾個問題」（下・五七八頁）。
（15）『油印本』下・八頁。
（16）『上海民訊』対章乃器反動活動進行闘争、一九五七年六月二三日、上檔C四七―二―二六八。
（17）同右、一五一期、一九五七年六月一五日。
（18）「市民建一九五七年工作簡報底稿」上檔C四七―二―七一、六一頁。
（19）同右、六三頁。
（20）『市民建工作日記簿』上檔C四七―二―三七による。
（21）上海市工商聯も同様だったのではないかと思われるが、詳細は不明。ただ『上海市工商業聯合会一九五七年大事記（初稿）』の六月一五日の項目には、「民建市会と市工商聯の常務委員会拡大会議は継続して章乃器の反社会主義の謬論に反駁し排斥した」とされている（上檔C四八―一―四四）。

(22) 同前、六六頁。

(23) 「一度被甜言蜜語俘虜的王金標▲認清了章乃器反社会主義面目」『大公報』一九五七年六月一七日。

(24) 以下、前掲『上海民訊』対章乃器反動活動進行闘争。

(25) 金戈「談談民主風度」『大公報』一九五七年六月八日。

(26) 王兼士「章乃器的三点根本錯誤」『上海工商』一九五七年一二期、六月二〇日、四頁。

(27) 「和工商界人士談誰是真朋友▲不要上章乃器的当」（社論）『大公報』一九五七年六月一七日。

(28) 郟其康「鳴放日記十三天」（五月一二日）『上海工商』一九五七年一〇期、五月二〇日、一三頁。

(29) 「掲開了大〝放〟大〝鳴〟的序幕▲会員熱烈討論李康年同志的建議書」『上海民訊』一四九期、一九五七年五月一八日。

(30) 「在拡大会議上許多同志批判目前錯誤思想▲決不充許右派分子乗機反対社会主義」前掲『上海民訊』一五一期。

(31) 李、前掲『回憶与研究』下、八二一頁。

(32) 「站穏定立場、画清界線、明弁是非、批判章乃器▲錯誤思想、継続鳴放、幇助共産党整風」前掲『上海工商』一九五七年一二期、一頁。

(33) 一点だけ、楊奎松論文を補足しておく。上海における一九五二年はじめの五反運動の実態として、次のような事実が紹介されている。「一月（の自殺者（未遂を含む）、以下同様）は三人、二月は七三人、三月は九九人であり、三月の自殺者の原因のうち脱税と賃金の問題が三三名である。この一週間での自殺者は四四名で毎週の自殺者の数は大きく増加している」（上海市財政経済委員会聯絡組編「絶密五反運動情況（四六）」上檔B一八二―一―三七三）。

(34) 沈、前掲『思考与選択』五五五頁。

（35）『執政四十年』一二三～一二四頁。
（36）沈、前掲『思考与選択』四九二～四九三頁。
（37）同右、六三四～六三五頁。
（38）中共中央統戦部研究室編『歴次全国統戦工作会議概況和文献』北京・檔案出版社、一九八八年、三六四～三六五頁。なお章、前掲「四十年前是与非――先父章乃器在一九五七年」では、出典は明記されていないが、このあとに「右派に対する配慮について、史良の表現はとても「左」で、黄炎培も章乃器を〔政協委員に〕とどめることに賛成ではなく、黄炎培もかえって「左派」になったようだ」と劉少奇は発言したことになっている。
（39）丸山昇『中国社会主義を検証する』大月書店、一九九一年。
（40）前掲「不要怕被囲剿　不要怕被打撃」。
（41）前掲「徹底敞開、幇助共産党除〝三害〟」。
（42）前掲「工商界人士在統戦部座談会上的発言」『光明日報』五月一七日での福建省工商聯副秘書長・王賢鎮の発言。
（43）「工商界代表継続批評党的欠点」『人民日報』五月一七日。
（44）宇野ほか、前掲『現代中国の歴史　一九四五～一九八五――毛沢東時代から鄧小平時代へ』一〇五頁。
（45）「対共産党提意見　幇助共産党整風　中共中央統戦部邀請工商界人士座談」『光明日報』五月一六日。
（46）前掲「章乃器在民建工商改造輔導会上説　除掉三害可以調動工商界積極性」。
（47）章、前掲「関於工商改造輔導工作的幾個問題」（下・五八二頁）。
（48）内閣官房内閣調査室編、前掲『中共人民内部の矛盾と整風運動』七八頁。
（49）中国民主建国会・中華全国工商聯合会宣伝教育処編、前掲『右派分子章乃器的丑悪面貌』工商界月刊社、一九五七年八月には、黄涼塵「章乃器在民建内組織反党小集団的陰謀活動」が掲載されており、彼が民建内部で分派活動を行ったことを、彼の「右派分子」としての罪状の一つとしている。しかし、この論文は民建内部に対立があり、章乃器の支持者がいたことを明らかにしているが、彼らが民建内部で明確な組織方針をもった分派活動を行ったことを実証しているとは思えない。

(50) 章、前掲「従〝牆〟和〝溝〟的思想基礎説起」〔下・五六六頁〕。

終　章

第一節　章乃器の愛国と民主

本書では愛国と民主という二つのキーワードに着目して、章乃器という国共両党以外の政治勢力＝第三勢力の代表的な人物をとりあげ、彼の一九二〇年代末から一九五〇年代末までの思想と行動を検討した。しかし近現代中国を理解するためには、〝愛国と民主〟という視角の他に、〝革命とナショナリズム〟や〝憲政と独裁〟さらには〝中央と地方〟といったテーマ設定もありうる。(1) 愛国や民主が多義的であり曖昧さを含むのに対して、この革命や憲政などのキーワードは、政治権力の形成・発展・崩壊の過程を分析するという政治史の主要課題に真っ正面から取り組むためのものであることは論をまたない。

だが本書は国共両党が構想し実行した革命や憲政ではなく、第三勢力の思想と行動を素材として、愛国と民主の問題を再検討してきた。というのも第三勢力の活動は政治史の傍流だとしても、あるべき理想から当時の中国政治の特質を描き出すことも、その成果と課題を論じるうえで、一つの有効な視座を提供しうるのではないかと感じているからである。(2) 歴史の過程のなかで実現しなかった可能性の意味を問うことも、歴史学の課題の一つではなかろうか。少なくとも一党独裁とは異なる政治体制を創り出す立憲主義改革においては、やはり現在でもなお知識人の役割が少なくないだろう。

章乃器は日本の侵略に対する抵抗、そして米国との対立のなかで一貫して愛国者として、中国政治において重要な役割を果たし続けた。この点に関して一九三六年の魯迅の告別式に際して、胡風らは章乃器らのような愛国主義者ではなく、国際主義的な自らこそが魯迅を追悼するに相応しいとして、章乃器らを排除しようとしたことは注目される(3)。胡風らの態度が当時の政治状況のなかで妥当だったのか否かは別として、章乃器にとって、外からの侵略に抵抗する愛国の議論は、いわずもがなの前提として位置づけられたのである。胡らの対応にはそれなりの論拠があったといえよう。

だが、筆者は章乃器の愛国論調が極めて激しかった時期でさえ、彼が中国の現状を全面肯定しなかったことに着目している。抗日戦争が目前に迫った時期でも、彼は愛国の議論が排外主義に転ずることを戒めたのである。彼の愛国の議論はときに過度に強調されたが、それは第三勢力として自らの影響力を行使するために、愛国の世論を組織しようとしたに過ぎず、愛国とは彼にとっては、中国を変革するための牽引車であった。章乃器が愛国者であったことは間違いないが、彼の愛国は「救亡が啓蒙を圧倒する」式の影響を彼の議論に与えることはなかったのである。

対日抗戦がさまざまな困難をかかえながらも継続され、一九四一年に日本が対英米戦に踏み切ったことは、章乃器にとって勝利への展望をもたらしたと思われる。少なくとも、直接的に中国を侵略する勢力がいなくなり、不平等条約も改定された抗戦勝利後において、彼は民主建国会の幹部として、民主的変革に邁進しようとした。

章乃器の語る対外的な愛国論を通時的に見たとき、彼は中国のおかれた国際的な環境を冷静にとらえ、過度に危機を煽ることをせずに合理的に対応しようとしたといえる。国共両党が革命を旗印として、ときに実際よりも対外的危機を強調し、民衆の組織化を目指していたことを考えたとき、彼の冷静さはなんどでも強調される必要があると筆者は考えている。

しかし人民共和国成立直後に始まった朝鮮戦争における中国民衆の愛国心は、彼の思惑を越えて急進化したように思われる。その後も共産党は愛国をテコの一つとして人々を動員し、彼・彼女らの強権体制への支持を組織することに成功した。その奔流は最終的に章乃器の議論を押しつぶして行ったのである。

愛国の対内的な側面についていえば、章乃器は都市と農村の中国の工業化を求めるという点では、間違いなく西洋起源の機械文明を中国に導入することを熱心に推進していたが、中国の伝統文化にも極めて高い評価を与えていた。それは彼が骨董品を継続的に収集し、それを人民共和国成立後に故宮博物館に寄贈したことにも示されている(4)。地主層をリーダーとする伝統的な社会秩序に対する抗日戦争中の高い評価も、民衆動員のための方便という意味だけでなく、こうした愛国意識にも規定されていたように感じられる。

この点に関して筆者は以前、中国の伝統文化を相応に評価する人々は、民主政治の担い手としての中国民衆に対しても相対的に高い評価を与えたが、全面的な西洋化論をとなえる論者は、中国民衆を極めて低く評価したと指摘した(5)。章乃器の議論に即してみれば、先の筆者の仮説は論旨がやや曖昧だったように思われる。

というのは、中国の農村社会における民主の担い手は、圧倒的な貧困に苦しむ貧農層ではなく、章乃器においては農村のエリートだったからである。この点において章乃器が重視したのは、費孝通がいう「地方でリーダーたり得る」人材であったように思われる。(6)章乃器は都市エリートの役割も高く評価しており、当時の全面西洋化論を主張する知識人に広くみられたエリートの指導性の重視という立場とも重なってい る。とすれば章乃器と全面的な西洋化論者との間にあった伝統文化への評価の分岐点は、民衆一般ではなく農村におけるエリート層の評価に関わっていたといえよう。

民主について章乃器は「人民の」政府の実現と理解し、その実現を生涯をかけて追求したといえる。とはいえ彼にとって、その実質化の条件は「人民のための」政治の実現と具体化された。絶対的な貧困に苦しむ中国において「人民の」政治を実体化するためには、民衆の生活改善こそが重要となるからである。

こうして彼は一九二〇年代から一九五〇年代末まで、強力な行政府による「上から」の工業化と富の均分を実行する社会政策の充実を求めた。しかしながら、いかにすればこうした「人民のための」政治を執行しうる政府を樹立できるのか、この点をめぐって抗戦開始前の章乃器は、対日妥協政策をとる国民政府に対して、愛国をテコに民衆を組織することで、自らの政治的要求を受け入れさせようとしていた。それは国民党内に組織的な基盤を持たず、軍事的な力も持ちえなかった第三勢力の一人としての政治的な戦術であった。

とはいえ章乃器は「人民による」民主を求めることで、世論を組織しようとはしなかった点において、羅隆基や王造時らと比べて特異であった。それはどのような世論を喚起することで民衆を組織できるのか、という点に関しての章乃器の判断に基づいていたのであり、それは銀行家としての経済実践に基づく彼なりの中国社会像に導かれた結論であった。

だが、抗戦開始後は国民党が愛国の組織者として立ち現れ、章乃器の愛国者として政府に影響力を行使しようとする戦術は立ちゆかなくなった。章乃器は第二次憲政運動に参加するとともに、自らの政治要求を実現するための組織母体として商工業者と知識人との連携を模索することになったが、それは日本の対英米戦争の開始にともない対外的な危機が相対的に弱まったという要因だけでなく、彼が政治的な影響力を行使し続けようとすれば、避けがたいことであった。「人民による」政治の実現をなによりも重視すると主張した民主建国会の結成はその具体化といえよう。

その意味でいえば、章乃器は「身に寸鉄だに帯びぬ」第三勢力の一人として、いかにして現実政治に影響力を行使しうるのか、という問題の解を求め続けたのである。彼の民主の強調は愛国にかかわる世論喚起の手段という側面も否定できない。それゆえ抗戦末期に一度は「人民による」政治の重要性を強調したにも関わらず、民主的政治制度に対する関心は彼の生涯を通じて相対的に低かったのであろう。章乃器は羅隆基らの制度的な改革を阻害したことはなかったが、この問題について共闘することもなかったのである。

しかし「人民による」政治に強い関心をもった張君勱らと比較したとき、羅隆基らも含めて「人民の」「人民のための」政府を求める声が、第三勢力の主流となったことは否定できない。こうした思想傾向の背景には、彼らの先進資本主義国家に対する観察があった。羅隆基も章乃器同様、現実の欧米諸国の議会政治を極めて低く評価していたのである。(7) この点は章乃器個人の問題というよりも、当時の中国における思潮の特徴の一つだった。章乃器たちが最終的に共産党を支持して人民共和国成立に向かったのは、「人民の」、「人民のための」政治を求めた結果だといえよう。

では章乃器はいかにして彼の民主の実現を担保しようとしたのか。筆者には章乃器にとって、その担保と位置づけられたのが、知識人の統一戦線の組織化だったように思われる。彼はその政治的活動の初期から、沙千里や李公樸ら社会活動家との共闘を通じて、自らのネットワークの形成に努めていた。それが形になったのが、救国会運動であり、この組織は少なくとも当時の政治情勢をリードする一つの要素となった。また抗戦末期に民主建国会を組織したことも、同様の政治的意図に基づいていたといえよう。

同時に指摘すべきは、彼はこの知識人の統一戦線を国共両党から自律的な存在とすることで、その政治的独自性を発揮させようとしたことであった。彼が抗戦開始後に救国会のメンバーと齟齬を来しはじめ、日ソ中立条約で最終的に袂を分かったのは、共産党に対する自律性をめぐる意見の相違も一つの重要な要因であった。彼にとって共産党を支持すること、あるいはその指導を受け入れることも、自らの自律的な選択に基づくものであり、こうした態度には共産党の政策が間違えば、共産党を批判し、その指導を認めない権利を保持しようとする政治的姿勢がうかがえる。こうした彼の信念が鳴放時期における積極的な発言を導いたのであった。

今日の中国では章乃器の経済政策が今日の改革開放を先取りしていたことを評価する向きも多く、筆者もこうした点を無視するものではない(8)。だが、筆者はそれ以上に章乃器の強烈なまでの主体性の強調に着目したい。彼は自らの価値判断に従う自由を万人に認めようとしていた。それは共産党が危険視し、その造反を危惧していた民間の商工業者に対しても同様であった。それこそが彼が右派として批判された根底的な要因だったように、筆者には感じられる。

そして〝個の尊厳〟を守るためには、究極的には「自己利害の当事者優位の原則」の承認を必要とするのであり[9]、章乃器もまた中国の他のリベラリストとともに、この原則を一貫して求め続けた[10]。この一点において、彼はまちがいなく中国における稀有なリベラリストの一人だった。同時に、「自己利害の当事者優位の原則」を近代日本の自由主義者が容易には受け入れられなかったことを踏まえれば[11]、中国におけるリベラルな思想潮流のありようを日本の自由主義者と比較するという課題も、我々に残されているといえよう。

こうした章乃器の思想と行動を序章でとりあげた図1・2に即して、今一度まとめてみれば、胡適などよりは本位文化を重視した愛国者としての彼は、自由以上に平等を重視した民主主義者であり、社会主義との親和性をその政治生活の最後まで持ち続けた。彼は個人主義への批判を継続しており、主観的には「社会主義者」であった。

しかし、彼の政治思想の根本には個の尊厳を守ることを第一とするリベラルな要素があった。その意味で、彼の考えた「社会主義」が抗戦時期を通じて、レーニン主義と異質なものであったことはいうまでもない。人民共和国建国後も、彼は客観的にはレーニン主義とは異なる共産主義が中国で発展することを願っていた。少なくとも〝個の尊厳〟という原則を守り、共産党を通じて「人民の」「人民のための」政治を実現することに、主観的には全力で取り組んだ人物であった。

第二節　反右派闘争後の章乃器――中国知識人の陥穽

章乃器の思想と行動を通じて、中国の愛国と民主の諸相を考察するという本書の目的からいえば、反右派闘争以後の章乃器については、特に論じる必要はなかろう。彼は一九五七年にその政治生命を絶たれたからである。しかし次の二点については論及しておきたい。

第一に繰り返して指摘したように、章乃器は自らが右派分子であることは一貫して認めなかった。それだけでなく、彼は自分を批判した人々を決して許さなかった。たとえば私信のなかではあるが、章乃器は民建内部に「職業的な〔共産党の〕応援団」ができたとなじり、そのメンバーとして胡厥文、呉羹梅、黄炎培、孫暁村らをあげている。

章乃器はこの〝応援団〟の本質とは、困難に面して責任を他人に押しつけ、さっさと安全地帯へ逃げ込むだけでなく、他人に打撃を与えることで自分を高めようとすることだと辛辣である。さらに章乃器は施復亮は本を読まず、頭を使わない大人物として、馬寅初、盛丕華などは、〝利益を得られると分かるとそれをかすめ取り、危機に臨めばその場逃れをする〟資本家の本質を体現する人物として、批判のやり玉にあげている[12]。

こうした厳しい批判は、民建が共産党に忠誠心を示すための〝贖罪の山羊〟とされ、集中砲火を浴びた章乃器の当然の怨みであり、それが私信において示されることは、誰に批判されるいわれもない「内心の自由」に関わる問題である。問題とされるべきは、私信が本人の政治的過ちの証拠として、公設の文書館の史料として残ってゆくことだと、筆者は考えている。また事実の問題としても、章乃器を批判するために編まれた文集を見て、彼の友人たちが保身のためにこぞって章乃器を批判していることに、痛ましい気持ちになるのは筆者だけではないだろう。

しかし本書のテーマにかかわって、この私信の内容から反右派闘争が批判される側と批判する側との間にすさまじい対立を生み出し、知識人相互に埋めがたい溝を作り出したことを確認しておきたい。知識人の間に対立が生まれてゆく状況については、すでに三反五反運動に際して、蕭乾が次のように指摘していた(13)。

運動では井戸に落ちた者に石を投げることが許されるだけで、他人のために物をいう勇気のある人、いうことを引き受ける人はいないことを、私は見た——もしいても、類は友を呼ぶとして、いっしょに処分されてしまうのだ。上部は、数が足りなければ絶対にホコを収めようとはしない。下の者には、他人の災禍を喜ぶような一種おかしな心理があり、まわりの人の災難を見て安心感、さらには快感さえ味わうのである。

しかしながら反右派闘争は三反五反運動を質的に越える状況を生み出したように思われる。プロレタリア文化大革命で極点を迎えるとはいえ、右派を批判する側にも、右派として批判される側にも、相互に相手を否定しかねない厳しい対立が生まれたことを章乃器の私信は示しているといえよう。本書では「知識人の統一戦線」の形成の可否が、中国の民主化にとって、重要な意味をもったことを論じてきたが、それを組織する可能性は反右派闘争によって、ひとまずは瓦解したのである。

同時に今ひとつの問題も指摘しておく必要があろう。共産党は反右派闘争に際して政治上では厳しく処理するが、生活のうえでは一定の配慮をすることを決めていたという[14]。この点に関して、一九五〇年生まれの章立凡は、父・章乃器の生活が苦しくなったことを強調している[15]。たしかに大臣級の行政幹部が、その職を解かれた以上、それまでの生活が維持できなくなったのは当然であろう。だが当時、最大の右派と批判された章伯鈞の娘で一九四二年生まれの章詒和が、父の友人たちを語った『最後の貴族』が、より当時の右派の状況を示しているように筆者には感じられる。

章詒和によれば、章伯鈞らはつるし上げを受ける一方で、ときには北京の劇場で地方劇の観劇を楽しみ、あるいはダンスパーティに出かけ、王府井に通ずる金魚胡同の老舗レストランの食事を家族で楽しむことができたのである。章伯鈞とともに二大右派として批判された羅隆基の不満は、章伯鈞は批判後も公用車をあてがわれ、自分は没収されたことであった[16]。章乃器もまた反右派闘争後の妻を見初めたのは、ダンスパーティの場であった[17]。

こうした生活を続ける知識人に対して、〝階級的憎悪〟を燃やす人々がいたことはある意味で当然ではなかろうか。鄭義がいうように、こうしたエリートの特権に対する批判がプロレタリア文化大革命で噴出した側面も否定することはできない[18]。楊絳が次のように小説の登場人物に語らせていることを、彼女の共産党に向けてのリップサービスないしは保身と見なすだけでは、当時の中国の現実に迫れないのではないだろうか[19]。

僕はただ国を愛しているから、それで党を愛するんだ、だって共産党は中国を救ったんだからね。……

僕は知識分子は当然率先して自己を改造すべきだと思っているさ。

一九三〇～四〇年代のリベラルな文学潮流を担った楊絳たちは、人民共和国成立後、共産党からのはげしい批判にさらされた。しかし彼女らなりの愛国の情に従い――共産党からの圧力に屈したというだけでなく――、自らの意思で労働の現場に立ち、中華人民共和国においても最底辺の生活を余儀なくされた農民と自らの〝距離〟を自省的にとらえたのである。その動機のいくばくかは自分たちの特権性への自己批判であったように、筆者には感じられる。[20] 間違いなく反右派闘争以後も、知識人は特権階級の一員だったのではなかろうか。そこには知識人と民衆との統一戦線形成の困難さが示されている。

反右派闘争とその後の歴史が明らかにしたのは、発信者としての知識人の内部に、また知識人と情報の受け手である民衆との間に、深くて幅の広い溝があったという厳然たる事実であった。この点を克服することが、思想が思想として力を持つ上で、知識人にとって課題として残されたのである。だがその課題を克服する道は、知識人が知識人であることを止めることではなく、現実の重みに耐えうるよう、思想の質を高めることによってのみ可能となるのではなかろうか。

第三節　残された課題――胡子嬰『灘』との対話

章乃器の言説分析とは別に彼の行動パターンの分析も当然必要となる。ただし文献に基づく歴史学研究では、日記や私信が完全には公開されていない現在、章乃器のあれこれの行動について全面的に論及することはできない。

そこで本書の最後に、前述の『灘』を素材として、今後の章乃器研究の課題について若干の検討を試みたい。ただし筆者は『灘』の主人公・蕭鶴声がどこまで章乃器その人の姿と重なるのか、を問うつもりは毛頭無い。あくまで胡子嬰の主観に対して、筆者の感想を述べるに過ぎない。しかし『灘』についての検討は、章乃器と胡子嬰という実在の人物を越えて、当時の問題状況の一端に迫ることを可能としているようにも感じられる。

『灘』は一九四五年秋に章乃器の元パートナーだった胡子嬰が発表したフィクションである。この作品は茅盾の全面的な指導と援助のもとに書かれた。執筆の目的は「民族資本家」の救国の情熱を打ち砕く国民政府と買辦資本家たちの悪しき現実を暴くこととされた[21]。ここでは作品のモティーフとは別に、まずこの小説発表までの状況を概観しておきたい。

胡子嬰は一九〇七年生まれ、浙江省上虞人である。彼女が茅盾とあったのは、一九二四年、彼女が一七歳の年だったが、当時彼女は非識字者だったという[22]。当時、胡子嬰は労働運動の活動家・徐梅坤のパートナーで、本人も労働者だったが、その後、徐は国民党に逮捕され、彼の救援活動のなかで、胡子嬰は章乃器と知り合い、恋に落ちる。そのためか徐梅坤は名指しはしないが、胡子嬰に批判的である[23]。

彼女が杭州女子師範で学ぶのは、章乃器の「妻」になってからのことである。ただし、章乃器には正妻がおり、二人の関係は内縁関係であった[24]。上海市檔案館に所蔵される胡子嬰から章乃器宛の手紙は、二人が一〇歳以上も年の差があったことを反映してか、章乃器の字（子偉）から一字とった「偉」の下に「お兄ちゃん〔原文：哥〕」を付け、「我の命」と呼びかけるなど親愛の情に満ちたものであった。[25] 総じてこれらの手紙は胡子嬰が杭州女子師範で勉強している当時のものだと思われる。しかしどのような経過で檔案として残されたのか詳細は分からず、また断片的なメモから誇大な想像をすることはできない。

ただ「章乃器は以前拳法を学び、胡子嬰をひどく打ったため、胡子嬰は虐待に耐えられず」離婚を決意したとのメモ書きも含まれている（ただし「以前拳法を学び」は取り消し線が引かれている）[26]。ときに家庭内暴力もあったのだろうか。いずれにしても一九三〇年代初めから、章乃器を「資本家のイヌ」と罵り、「道徳の欠落（ダンスに興じ、女遊びをすること）は許すことができない」との批判はあったのである。[27]

当時の章乃器への批判には誹謗中傷の類もあろうし、なによりも個々人の私生活を道徳的に批判すべきという欲求は筆者にはない。ただ『灘』に描かれる章乃器とおぼしき主人公の妻に対する態度は、きわめて男性至上主義的である。たとえば家庭の外では妻の友人とも関係を持ち、また別の女性と婚外子も設ける自由を謳歌する主人公は、しかし妻が外で活躍することを望まない。家を守り、子供を育てるのが彼にとっての妻の役目である。主人公にとって自己にとっての大事は国家の問題であり、そのストレスを解消するための飲酒であり「自由恋愛」なのであろう。その時間を確保するために、瀕死の子供の世話さえ煩わしいものとなる。

そして『灘』ではこうした主人公・粛鶴声の仕打ちに妻・懿芳は耐えてゆく。『灘』における彼女の位置は、テキストのなかで姓が省略されていること、そして女徳の高さを示す名づけに象徴的に示されているが、彼女が自身の行動を正当化する根拠は、夫には救国の理想があり、そしてその理想を実現する力があることである。たとえば懿芳は彼女を一途に慕い、粛鶴声の不実を責め、自らのもとへと来るように迫る程天頤に対して、夫を支えることを第一の課題とすることを表明する。小説のラストは子供の重病を訴えに、家に帰らない夫のもとを訪ねた妻を追い返した主人公が、恋人を同乗させた乗用車でダンスパーティに向かい、妻を追い越すシーンである。

さらに主人公は労働者の権利要求に対して冷徹で、労働者を一等下の人間として見下している。胡子嬰もその主人公を批判的には描いていない。こうした描写を総合すれば、女子供は語るに足りず、あるいは人として劣格であるとの理解が彼女にも共有されていたことがうかがえる。附言すれば、ここで子供とは年齢の問題だけでなく、人としての「成熟度」が問題とされている。自分の利益しか考えない労働者は、主人公にとっては子供と同格である。

章乃器であれ誰であれ、個の尊厳を守ろうとしながらも、その課題の担い手を知的な男性に限定するならば、本当に個の尊厳を守りうるのか、極めて危ういことはいうまでもない。それは民主や救国という課題を設定しても同じことだろう。筆者は今日的な価値観の高見から過去を断罪するつもりはなく、胡子嬰や胡子嬰の描く登場人物たちを、あるべき男女関係を想定して批判するつもりもない。だが『灘』が描く愛国と民主の物語は、間違いなく一九四〇年代中国がかかえた限界を明瞭に示していることは間違いないだろう。

中国のリベラリストの一人、楊人楩（一九〇三～一九七三）は次のように主張した。(28)

自由主義は創造力であり、創造するがゆえに進歩を求め、進歩を必要とするがゆえに必ず停滞に反対しなければならない。反停滞はすなわち現状に反対するのであり、現状に反対することは必ず反干渉であり、反干渉であれば必ず闘争しなければならず、闘争の持続は教育を待たなければならず、闘争はしばしば失敗するだろうが、教育が失敗することはできず、ただ妥協しない精神があってこそ、闘争の教育的な意義を発揮することができ、追求すべき進歩に到達するのである。

楊は自らの権力を持つことがリベラリストの目標ではないとも指摘しており、彼は個の尊厳を根底におくリベラルな諸価値を守るべきものとして提示し、あらゆる権力に対して非妥協的な態度を取りうるか否かを最重要の課題とみなした。だが『灘』を読むことで我々は、リベラリストが対峙すべきは古き権力の専制だけでなく、自身の思想に存在している保守性でもあったことを知るのである。

註

（1）前者をタイトルにしたものに、石川禎浩の『シリーズ中国近現代史』三巻、岩波書店、二〇一〇年がある。後二者の例としては、さしあたり久保亨・嵯峨隆編『中華民国の憲政と独裁』慶應義塾大学出版会、二〇一一年と金子肇『近代中国の中央と地方——民国前期の国家統合と行財政』汲古書院、二〇〇八年をあげておく。その他、石塚迅・中村元哉・山本真編著『憲政と近現代中国——国家、社会、個人』現代人文社、二〇一〇年も参照されたい。

（2）石井知章「太平楽論の体たらく——代田氏に反論する」『中国研究月報』六五巻七号、二〇一一年七月、二二三〜二二五頁。

（3）章、前掲「我和救国会」三七頁。
（4）故宮博物院編『捐献大家章乃器』北京・紫禁城出版社、二〇一〇年。
（5）水羽、前掲「ナショナリズムとリベラリズム」一一八頁。
（6）費孝通・中村元哉訳「再び双軌政治を論ずる」砂山幸雄編『世界冷戦のなかの選択』（『新編原典中国近代思想史』七巻）岩波書店、二〇一一年、一六七頁（原載は『大公報』（天津版）一九四七年一一月二日）。なお、ここで費孝通は「私は決して『人民』を盲信していないため、何千年もの間専制政治の圧迫を受けてきた中国民衆の政治レベルが極めて低いことを認める。……中国に現代化が必要であることは末端の民衆には自覚されていない」と述べている（同右、一六八～一六九頁）。
（7）羅隆基・水羽信男訳「政治民主主義と経済民主主義」野村浩一ほか編『救国と民主』（『新編原典中国近代思想史』六巻）岩波書店、二〇一一年、二〇九頁など（原載は『民主』一巻二期、一九四四年一二月一六日）。
（8）水羽、前掲「一九五〇年代における章乃器の言論活動とその挫折」。
（9）自己利害の当事者優位の原則については、中西正司・上野千鶴子『当事者主権』岩波書店、二〇〇三年なども参照のこと。
（10）水羽、前掲「ナショナリズムとリベラリズム」一〇七頁。
（11）宮村治雄『日本政治思想史――「自由」の概念を軸にして』放送大学教育振興会、二〇〇五年。
（12）四月二三日に上海の友人に宛てた手紙（「上海市人民委員会接待全国人民代表大会代表視察辦公室関於右派分子章乃器最近一些思想状況彙報」上檔B五三―二―一〇―一三七）。
（13）蕭乾・丸山昇ほか訳『地図を持たない旅人――ある中国知識人の選択』下、花伝社、一九九三年、一一三頁。
（14）章立凡、前掲「都門謫居録」一八一頁（原載・汪東林「一九六三年章乃器被撤消全国政教委員資格」『北京政協』一九九八年八期）。

(15) 同右、一八四頁。

(16) 章詒和『最後的貴族』香港：牛津大学出版社、二〇〇四年、特に「一片青山了此身――羅隆基素描」を参照のこと。本書は『往事并不如烟』北京：人民文学出版社、二〇〇四年の増補版であり、香港版に基づく横澤泰夫による翻訳『嵐を生きた中国知識人――「右派」章伯鈞をめぐる人びと』中国書店、二〇〇七年もある。

(17) 章立凡、前掲「都門謫居録」一七七～一七八頁。

(18) 鄭義・加藤三由紀ほか訳『中国の地の底で』朝日新聞社、一九九三年。とはいえ著者は鄭義のように文革を理念面から肯定するつもりはない。総じていえば近年、中国の改革開放政策の進展にともなう格差社会のひずみの増大にともない、中国でも、そして日本でも、プロレタリア文化大革命を再評価する言説が現れているが、正しい理想のためには、行き過ぎや誤認が生じるのはやむをえないとする議論に、筆者は与することはできない。

(19) 楊絳・中島みどり訳『風呂』みすず書房、一九九二年、三六九、三七三頁。

(20) こうした筆者の印象は楊絳・中島みどり訳『幹校六記――〈文化大革命〉下の知識人』みすず書房、一九八五年にも基づいている。

(21) 茅盾「代序――読宋霖的小説《灘》」、「後記」、胡子嬰「回憶茅盾同志二三事」、いずれも胡、前掲『灘』に所収されている。

(22) 李広徳『一代文豪――茅盾的一生』上海：上海文芸出版社、一九八八年、二七二頁。

(23) 徐梅坤『九旬旧憶』北京：光明日報社、一九八五年、五〇頁。

(24) 朱宗堯「章乃器元配夫人王鏡娥」『世紀』一九九七年一期。

(25) 「浙江省第一商業銀行副経理章乃器社会活動各方面来函什件」三、上檔Q二七〇―一―二九五、一四九頁。

(26) 同右、三、一七一頁。

（27）同右、二（上檔Q二七〇—一—二九四）。

（28）楊人楩・水羽信男訳「自由主義者はどこへゆくのか」砂山、前掲『世界冷戦のなかの選択』一一四頁（原載：『観察』二巻一一期、一九四七年五月一〇日）。楊人楩は湖南省出身。一九二六年に北京師範大学の英語系を卒業後、北伐に参加した。その後、一九三四年にオックスフォード大学オリオルカレッジへ留学し、フランス史を学ぶ。一九四九年以後も大陸に止まり自由を求め続け、反右派闘争・プロレタリア文化大革命では批判にさらされた。

参考文献

以下、一では本書一八頁注（4）などで取り上げなかった章乃器関連の文献を、二では筆者が中国近現代史全体を考えるうえで参照した文献のうち、本書の注にあげなかった研究書・論文を主として一覧にした。なお、これまで著者が学んできた研究論文については、水羽信男「抗日統一戦線運動史」野澤豊編『日本の中華民国史研究』汲古書院、一九九五年や同「中華民国後半期（一九二八～一九四九）政治史研究綜述——日本中国近代史研究的成果与今後的課題」（『地域文化』三〇巻、二〇〇四年）で、紙幅の許す限り論じてきた。また章清（中村元哉訳）「中国現代思想史における「自由主義」」などを含む『近きに在りて』五四号（二〇〇八年）における「近現代中国のリベラリズム」も参照されたい。その他、『中国近代のリベラリズム』（東方書店、二〇〇七年）の注と参考文献も本書に大きく関わっている。そこで二では二〇〇七年以降のものを中心とした。

一、章乃器に関する先行研究・回想（発表年順）

平野正「一九三〇年代における章乃器の思想とその政治的立場」『西南学院大学文理論集』一八巻一号、一九七七年

青田県政協文史資料委員会編『青田文史資料』四輯（章乃器専輯）、奥付無、一九九一年

水羽信男「章乃器年譜（初稿）——中国の「愛国」と「民主」の間に」『広島大学文学部紀要』五一巻、一九九一年

周天度・章立凡「章乃器伝」周天度編『七君子伝』北京：中国社会科学出版社、一九八九年

李玉剛「章乃器経済理論与学術思想平議」中国社会科学院近代史研究所編『青年学術論壇』二〇〇〇年巻、北京：社会科学文献出版社、二〇〇一年

——「源於実践之貨幣金融学真知——章乃器貨幣金融学術思想述論」中国社会科学院近代史研究所民国史研究室・四

川師範大学歴史文化学院編『一九三〇年代中国』上、北京・社会科学文献出版社、二〇〇六年
李強「試論章乃器的経済思想」（安徽省師範大学修士論文）二〇〇六年
馬陵合・李強「抗戦時期章乃器経済思想経世性深微——一位非学院派経済学家的学術取向」『浙江工商大学学報』二〇〇八年三期、二〇〇八年
余暁蘭「試論民国時期章乃器的利用外資思想」『濮陽職業技術学院学報』二一巻三期、二〇〇八年
李暁翼「章乃器経済思想述評」『探索』二〇〇八年

二、中国近現代史研究に関するもの（著者の五十音、ピンイン、アルファベット順）

【日本語】

飯島渉、久保亨、村田雄二郎編『中華世界と近代』（『シリーズ二〇世紀中国史』一巻）東京大学出版会、二〇〇九年
——『近代性の構造』（同右、二巻）東京大学出版会、二〇〇九年
——『グローバル化と中国』（同右、三巻）東京大学出版会、二〇〇九年
——『現代中国と歴史学』（同右、四巻）東京大学出版会、二〇〇九年
石川禎浩『革命とナショナリズム』（『シリーズ中国近現代史』三巻）岩波書店、二〇一〇年
泉谷陽子『中国建国初期の政治と経済——大衆運動と社会主義体制』御茶の水書房、二〇〇七年。
今井駿『四川省と近代中国——軍閥割拠から抗日戦の大後方に』汲古書院、二〇〇七年
岩間一弘『上海近代のホワイトカラー』研文出版、二〇一一年
小野寺史郎『国旗・国歌・国慶——ナショナリズムとシンボルの中国近代史』東京大学出版会、二〇一一年
川島真『近代国家への模索』（『シリーズ中国近現代史』二巻）岩波書店、二〇一〇年
久保亨『社会主義への挑戦』（同右、四巻）岩波書店、二〇一一年

――、土田哲夫、高田幸男、井上久士『現代中国の歴史』東京大学出版会、二〇〇八年
――、嵯峨隆編『中華民国の憲政と独裁　一九一二～一九四九』慶應義塾大学出版会、二〇一一年
胡平、石塚迅訳『言論の自由と中国の民主』現代人文社、二〇〇九年
孝忠延夫、鈴木賢編『北東アジアにおける法治の現状と課題――鈴木敬夫先生古稀記念』成文堂、二〇〇八年
坂元ひろ子『世界大戦と国民形成』（『新編原典中国近代思想史』四巻）岩波書店、二〇一〇年
砂山幸雄編『世界冷戦のなかの選択』（同右、七巻）岩波書店、二〇一一年
高橋伸夫編『救国、動員、秩序――変革期中国の政治と社会』慶應義塾大学出版会、二〇一〇年
並木頼寿編『開国と社会変容』（同右、一巻）岩波書店、二〇一〇年
野村浩一、近藤邦康、村田雄二郎編『国家建設と民族自救』（同右、五巻）岩波書店、二〇一〇年
野村浩一、近藤邦康、砂山幸雄編『救国と民主』（同右、六巻）岩波書店、二〇一一年
姫田光義『林彪春秋』中央大学出版部、二〇〇九年
深町英夫編『中国政治体制一〇〇年』中央大学出版部、二〇〇九年
ミッター、ラナ、吉澤誠一郎訳『五四運動の残響――二〇世紀中国と近代世界』岩波書店、二〇一二年
水羽信男「毛沢東時代のリベラリズム――「百花斉放・百家争鳴」をめぐって」日本現代中国学会編『新中国の六〇年――毛沢東から胡錦濤までの連続と不連続』創土社、二〇〇九年
――「近代中国「民間社会」史再考――日本との比較から」『アジア社会文化研究』一二号、二〇一一年
村田雄二郎編『万国公法の時代』（『新編　原典中国近代思想史』二巻）岩波書店、二〇一〇年
――『民族と国家』（『新編　原典中国近代思想史』三巻）岩波書店、二〇一〇年
――『リベラリズムの中国』有志舎、二〇一一年
横山宏章『陳独秀の時代――「個性の解放」をめざして』慶應義塾大学出版会、二〇〇九年

吉澤誠一郎『清朝と近代世界』(『シリーズ中国近現代史』一巻)岩波書店、二〇一〇年

【中国語】

鄧麗蘭『西方思潮与民国憲政運動的演進』天津:南開大学出版社、二〇一〇年
劉是今「拉斯基思想対二〇世紀三〇年代中国思想界的影響:以羅隆基、王造時為例」『湖南第一師範学院学報』九巻六期、二〇〇九年
孫宏雲「民主社会主義与民国政治:拉斯基在中国的影響」『二十一世紀』一〇八期、二〇〇八年
王奇生『革命与反革命:社会文化視野下的民国政治:近世中国』北京:社会科学文献出版社、二〇一〇年
魏万磊『二〇世紀三〇年代「再生派」学人的民族復興話語』北京:中国社会科学出版社、二〇一一年
聞黎明『抗日戦争与中国知識分子:西南聯合大学的抗戦軌跡』北京:社会科学文献出版社、二〇〇九年
——『抗戦風雲中的国立西南聯合大学』台北:秀威資訊科技、二〇一〇年
謝慧『知識分子的救亡努力:『今日評論』与抗戦時期中国政策的抉択』北京:社会科学文献出版社、二〇一〇年
——『西南聯大与抗戦時期的憲政運動』北京:社会科学文献出版社、二〇一〇年
許紀霖『啓蒙如何起死回生:現代中国知識人分子的思想困境』北京:北京大学出版社、二〇一一年
——編『近代中国知識分子的公共交往:一八九五~一九四九』上海:上海人民出版社、二〇〇八年
——、宋宏編『現代中国思想的核心観念』上海:上海人民出版社、二〇一一年
閻書欽「抗戦時期経済思潮的演進——従計画経済、統制経済的興盛到対自由経済的回帰」『南京大学学報(哲学、人文科学、社会学版)』二〇〇九年五期、二〇〇九年
楊宏雨、王術静「中国自由主義的最後一面旗幟:《新路》周刊始末」『学術界』二〇〇七年三期、二〇〇七年
趙文静『翻訳的文化操控——胡適的改写新文化的建構』上海:復旦大学出版社、二〇〇六年

鄭大華ほか主編『中国近代史上的自由主義』北京：社会科学文献出版社、二〇〇八年
——、鄒小站編『中国近代史上的激進与保守』北京：中国社会科学出版社、二〇一一年

【英文】

Fung, Edmund S.K., The Intellectual Foundations of Chinese Modernity: Cultural and Political Thought in the Republican Era, New York: Cambridge University Press, 2010

あとがき

『中国近代のリベラリズム』（東方書店、二〇〇七年）において、僕は自由主義の意味を再検討し、リベラルな価値の受容と変容という視座から中国近代史を考えてみた。素朴な思いつきをなんとか形にしたため、不十分な点も多々あったが、実力ある研究者たちによって、さまざまな角度から議論の対象としていただき、とても勉強になった。今回はその議論の成果を自分なりに消化しながら、リベラリズムではなく、愛国と民主を中心的な課題とした。だが、このテーマを旧態依然と感じられた読者もおられるだろう。たしかに「はじめに」でも記したが、これは一九七〇年代に流行したものである。その愛国と民主、そして両者の相互関係も、当時語られたほどには美しいもの・善きものではなかった。というか、かつての肯定的な言説は幻想でしかなかった、ということが、世紀転換期以後の歴史学の議論の前提となっている。

しかし半世紀以上も生きながら、何者にもなりえない僕にとって、いまいちど自分たちの学んだ歴史学の原点にもどって、問題を考え直すことにも意味があるだろうと考えるに至った。リベラリズムだけでなく、愛国と革命、民主と独裁、中央と地方、愛国とシンボル、あるいは立憲主義など、今日的な視座から検討すべきテーマは多々ある。僕なりにその重要性は理解している。だが愛国と民主の〝弁証法的統一〟は、僕たちが研究を始めた時代の理想（の一つ）であった。その理想の実際の姿を今の時点から捉え返す意味も、どこかにはあるだろう。あるいは……皆さんの忌憚のない批判を期待している。

本書のもとになった論文を改めて発表順に列記しておく（〔　〕内は本書における該当箇所）。

①「抗日民衆運動の展開とその思想」池田誠編『抗日戦争と中国民衆――中国ナショナリズムと民主主義』法律文化社、一九八七年〔第一章および第二章〕、②「一九五〇年代における章乃器の言論活動とその挫折」『史学研究』一九〇号、一九九〇年〔第五章〕、③「現代中国における「愛国」と「民主」――章乃器の軌跡を中心として」『現代中国』六五号、一九九一年〔第四章〕、④「抗日戦争と中国の民主主義――章乃器の民衆動員論を素材として」『歴史評論』五六九号、一九九七年〔第二章〕、⑤「共和国成立前後の民主建国会、一九四五～五三年」久保亨編『一九四九年前後の中国』汲古書院、二〇〇六年〔第三章および第四章〕、⑥「一九五〇年代における『民族資産階級』について――中国民主建国会の反右派闘争から考える」『東洋史研究』六七巻四号、二〇〇九年〔第六章〕、⑦「抗戦前夜の中国社会論とリベラリズム――章乃器を素材として」久保亨・嵯峨隆編『中華民国の憲政と独裁　一九一二～一九四九』慶應義塾大学出版会、二〇一一年〔第一章〕。その他、はじめにと序章では、「ナショナリズムとリベラリズム」（飯島渉・久保亨・村田雄二郎編『シリーズ二〇世紀中国史』三巻、二〇〇九年）、「一九三〇年代中国における政治変動と政治学者――王造時を素材として」（村田雄二郎編『リベラリズムの中国』有志舎、二〇一一年）での考察なども反映させている。第一章第一節・第五章第一節の大部分と終章は書き下ろしである。

以上の論文は四半世紀近い時間をかけて発表している。また久保亨・村田雄二郎の両氏を代表者とする科学研究補助金のプロジェクトの一員としての仕事なども含み、各論文執筆の課題は同じではない。それゆえ本書をまとめるにあたり、個別の誤りを訂正しただけでなく、相応の加筆・修正をおこなった。

僕が章乃器に興味を持ったのは、平野正氏の「一九三〇年代における章乃器の思想とその政治的立場」（一九七七年）に啓発されたからであった。その論文を平野氏は『中国の知識人と民主主義思想』（研文出版、一九八七年）には収録しなかった。そうした氏の研究者としての誠実さも、章乃器への関心を深めさせた。僕なりに章乃器について理解を深めたいと考えたのである。何よりも上記①は平野氏との共同執筆の予定で、その準備の過程でさまざまなアドバイスをいただいた（この論文は結局、平野氏により厳しく批判されるのだが）。また②は氏の示唆により執筆したものである。その意味では本書も、前著とは意味合いを異にするが、平野氏との学問的な対話のなかで生み出されたという側面も持っている。

本書は曽田三郎先生の強い励ましから生まれ、先生は汲古書院への紹介の労もとってくださった。書院の柴田聡子さんには、誤字脱字の多い原稿のチェックから始まり、精密で丁寧な編集を行っていただいた。なによりも石坂叡志社長が、快く出版をお引き受けくださったときには、大変に驚き嬉しく思った。各位に衷心からのお礼を申し上げます。

最後に、本書を妻・友子と僕たち二人の家族に捧げたい。

二〇一一年五月　風薫る仕事場にて。

水羽信男

索　引（親字50音順）

人　名

事　項

著者紹介

水羽　信男（みずは　のぶお）

1960年　広島市に生まれる。

1982年　広島大学文学部卒業

1990年　広島大学大学院文学研究科博士課程後期単位取得退学

現　在　広島大学大学院総合科学研究科教授　文学修士

主な業績

劉大年ほか『中国抗日戦争史』桜井書店、2002年（共訳）

砂山幸雄編『原典中国近代思想史』7巻、岩波書店、2011年（共訳）

『中国近代のリベラリズム』東方書店、2007年

「毛沢東時代のリベラリズム——「百花斉放・百家争鳴」をめぐって」日本現代中国学会編『新中国の60年——毛沢東から胡錦濤までの連続と不連続』創土社、2009年

「1930年代中国における政治変動と政治学者——王造時を素材として」村田雄二郎編『リベラリズムの中国』有志舎、2011年

汲古選書60

中国の愛国と民主——章乃器とその時代

二〇一二年十月十七日　発行

著　者　水　羽　信　男

発行者　石　坂　叡　志

印刷所　富士リプロ㈱

発行所　汲　古　書　院

〒102-0072　東京都千代田区飯田橋二—五—四

電　話〇三（三二六五）九七六四

ＦＡＸ〇三（三二二二）一八四五

ISBN978－4－7629－5060－5　C3322

汲古選書

既刊60巻

1
一言語学者の随想
服部四郎著

わが国言語学界の大御所、文化勲章受賞・東京大学名誉教授故服部先生の長年にわたる珠玉の随筆75篇を収録。透徹した知性と鋭い洞察によって、言葉の持つ意味と役割を綴る。
▼494頁／定価5097円

2
ことばと文学
田中謙二著

京都大学名誉教授田中先生の随筆集。

「ここには、わたくしの中国語乃至中国学に関する論考・雑文の類をあつめた。わたくしは〈ことば〉がむしょうに好きである。生き物さながらにうごめき、またピチピチと跳ねっ返り、そして話しかけて来る。それがたまらない。」（序文より）
▼320頁／定価3262円　好評再版

3
魯迅研究の現在
同編集委員会編

魯迅研究の第一人者、丸山昇先生の東京大学ご定年を記念する論文集を二分冊で刊行。執筆者＝北岡正子・丸尾常喜・尾崎文昭・代田智明・杉本雅子・宇野木洋・藤井省三・長堀祐造・芦田肇・白水紀子・近藤竜哉
▼326頁／定価3059円

4
魯迅と同時代人
同編集委員会編

執筆者＝伊藤徳也・佐藤普美子・小島久代・平石淑子・坂井洋史・櫻庭ゆみ子・江上幸子・佐治俊彦・下出鉄男・宮尾正樹
▼260頁／定価2548円

5・6
江馬細香詩集「湘夢遺稿」

入谷仙介監修・門玲子訳注　幕末美濃大垣藩医の娘細香の詩集。頼山陽に師事し、生涯独身を貫き、詩作に励んだ。日本の三大女流詩人の一人。
▼総602頁／⑤定価2548円／⑥定価3598円　好評再版

7
詩の芸術性とはなにか

袁行霈著・佐竹保子訳　北京大学袁教授の名著「中国古典詩歌芸術研究」の前半部分の訳。体系的な中国詩歌入門書。
▼250頁／定価2548円

8
明清文学論
船津富彦著

一連の詩話群に代表される文学批評の流れは、文人各々の思想・主張の直接の言論場として重要な意味を持つ。全体の概論に加えて李卓吾・王夫之・王漁洋・袁枚・蒲松齢等の詩話論・小説論について各論する。
▼320頁／定価3364円

9
中国近代政治思想史概説

大谷敏夫著　阿片戦争から五四運動まで、中国近代史について、最近の国際情勢と最新の研究成果をもとに概説した近代史入門。1阿片戦争2第二次阿片戦争と太平天国運動　3洋務運動等六章よりなる。付年表・索引　▼324頁／定価3262円

10
中国語文論集　語学・元雑劇篇
太田辰夫著

中国語学界の第一人者である著者の長年にわたる研究成果を全二巻にまとめた。語学篇＝近代白話文学の訓詁学的研究法等、元雑劇篇＝元刊本「看銭奴」考等。
▼450頁／定価5097円

11 **中国語文論集** 文学篇　太田辰夫著

本巻には文学に関する論考を収める。「紅楼夢」新探／「鏡花縁」考／「児女英雄伝」の作者と史実等。付固有名詞・語彙索引

▼350頁／定価3568円

12 **中国文人論**　村上哲見著

唐宋時代の韻文文学を中心に考究を重ねてきた著者が、詩・詞という高度に洗練された文学様式を育て上げ、支えてきた中国知識人の、人間類型としての特色を様々な角度から分析、解明。

▼270頁／定価3059円

13 **真実と虚構**—六朝文学　小尾郊一著

六朝文学における「真実を追求する精神」とはいかなるものであったか。著者積年の研究のなかから、特にこの解明に迫る論考を集めた。

▼350頁／定価3873円

14 **朱子語類外任篇訳注**　田中謙二著

朱子の地方赴任経験をまとめた語録。当時の施政の参考資料としても貴重な記録である。「朱子語類」の当時の口語を正確かつ平易な訳文にし、綿密な註解を加えた。

▼220頁／定価2345円

15 **児戯生涯** 一読書人の七十年　伊藤漱平著

元東京大学教授・前二松学舎大学長、また「紅楼夢」研究家としても有名な著者が、五十年近い教師生活のなかで書き綴った読書人の断面を随所にのぞかせながら、他方学問の厳しさを教える滋味あふれる随筆集。

▼380頁／定価4077円

16 **中国古代史の視点** 私の中国史学(1)

堀　敏一著　中国古代史研究の第一線で活躍されてきた著者が研究の現状と今後の課題について全二冊に分かりやすくまとめた。本書は、1時代区分論　2唐から宋への移行　3中国古代の土地政策と身分制支配　4中国古代の家族と村落の四部構成。

▼380頁／定価4077円

17 **律令制と東アジア世界** 私の中国史学(2)

堀　敏一著　本書は、1律令制の展開　2東アジア世界と辺境　3文化史四題の三部よりなる。中国で発達した律令制は日本を含む東アジア周辺国に大きな影響を及ぼした。東アジア世界史を一体のものとして考究する視点を提唱する著者年来の主張が展開されている。

▼360頁／定価3873円

18 **陶淵明の精神生活**　長谷川滋成著

詩に表れた陶淵明の日々の暮らしを10項目に分けて検討し、淵明の実像に迫る。内容＝貧窮・子供・分身・孤独・読書・風景・九日・日暮・人寿・飲酒　日常的な身の回りに詩題を求め、田園詩人として今日のために生きる姿を歌いあげ、遙かな時を越えて読むものを共感させる。

▼300頁／定価3364円

19 **岸田吟香**—資料から見たその一生

杉浦　正著　幕末から明治にかけて活躍した日本近代の先駆者—ドクトル・ヘボンの和英辞書編纂に協力、わが国最初の新聞を発行、目薬の製造販売を生業としつつ各種の事業の先鞭をつけ、清国に渡り国際交流に大きな足跡を残すなど、謎に満ちた波乱の生涯を資料に基づいて克明にする。

▼440頁／定価5040円

20
グリーンティーとブラックティー
中英貿易史上の中国茶

矢沢利彦著　本書は一八世紀から一九世紀後半にかけて中英貿易で取引された中国茶の物語である。当時の文献を駆使して、産地・樹種・製造法・茶の種類や運搬経路まで知られざる英国茶史の原点をあますところなく分かりやすく説明する。
▼260頁／定価3360円

21
中国茶文化と日本
布目潮渢著

近年西安西郊の法門寺地下宮殿より唐代末期の大量の美術品・茶器が出土した。文献では知られていたが唐代の皇帝が茶を愛玩していたことが証明された。長い伝統をもつ茶文化―茶器について解説し、日本への伝来と影響についても豊富な図版をもって説明する。カラー口絵4葉付
▼300頁／品切

22
中国史書論攷
澤谷昭次著

先年急逝された元山口大学教授澤谷先生の遺稿約三〇篇を刊行。東大東洋文化研究所に勤務していた時「同研究所漢籍分類目録」編纂に従事した関係から漢籍書誌学に独自の境地を拓いた。また司馬遷「史記」の研究や現代中国の分析にも一家言を持つ。
▼520頁／定価6090円

23
中国史から世界史へ　谷川道雄論

奥崎裕司著　戦後日本の中国史論争は不充分なままに終息した。それは何故か。谷川氏への共感をもとに新たな世界史像を目ざす。
▼210頁／定価2625円

24
華僑・華人史研究の現在

飯島　渉編　「現状」「視座」「展望」について15人の専家が執筆する。従来の研究を整理し、今後の研究課題を展望することにより、日本の「華僑学」の構築を企図した。
▼350頁／品切

25
近代中国の人物群像
――パーソナリティー研究――

波多野善大著　激動の中国近現代史を著者独自の歴代人物の実態に迫る研究方法で重要人物の内側から分析する。
▼536頁／定価6090円

26
古代中国と皇帝祭祀
金子修一著

中国歴代皇帝の祭礼を整理・分析することにより、皇帝支配による国家制度の実態に迫る。
▼340頁／定価3990円　好評再版

27
中国歴史小説研究
小松　謙著

元代以降高度な発達を遂げた小説そのものを分析しつつ、それを取り巻く環境の変化をたどり、形成過程を解明し、白話文学の体系を描き出す。
▼300頁／定価3465円

28
中国のユートピアと「均の理念」

山田勝芳著　中国学全般にわたってその特質を明らかにするキーワード、「均の理念」「太平」「ユートピア」に関わる諸問題を通時的に叙述。
▼260頁／定価3150円

29
陸賈『新語』の研究
福井重雅著

秦末漢初の学者、陸賈が著したとされる『新語』の真偽問題に焦点を当て、緻密な考証のもとに真実を追究する一書。付節では班彪『後伝』・蔡邕『独断』・漢代対策文書について述べる。

▼270頁／定価3150円

30
中国革命と日本・アジア
寺廣映雄著　前著『中国革命の史的展開』に続く第二論文集。全体は三部構成で、辛亥革命と孫文、西安事変と朝鮮独立運動、近代日本とアジアについて、著者独自の視点で分かりやすく俯瞰する。

▼250頁／定価3150円

31
老子の人と思想
楠山春樹著

『史記』老子伝をはじめとして、郭店本『老子』を比較検討しつつ、人間老子と書物『老子』を総括する。

▼200頁／定価2625円

32
中国砲艦『中山艦』の生涯
横山宏章著　長崎で誕生した中山艦の数奇な運命が、中国の激しく動いた歴史そのものを映し出す。

▼260頁／定価3150円

33
中国のアルバ―系譜の詩学
川合康三著「作品を系譜のなかに置いてみると、よりよく理解できるように思われます」（あとがきより）。壮大な文学空間をいかに把握するかに挑む著者の意欲作六篇。

▼250頁／定価3150円

34
明治の碩学
三浦　叶著

著者が直接・間接に取材した明治文人の人となり、作品等についての聞き書きをまとめた一冊。今日では得難い明治詩話の数々である。

▼380頁／定価4515円

35
明代長城の群像
川越泰博著

明代の万里の長城は、中国とモンゴルを隔てる分水嶺であると同時に、内と外とを繋ぐアリーナ（舞台）でもあった。そこを往来する人々を描くことによって異民族・異文化の諸相を解明しようとする。

▼240頁／定価3150円

36
宋代庶民の女たち
柳田節子著

「宋代女子の財産権」からスタートした著者の女性史研究をたどり、その視点をあらためて問う。女性史研究の草分けによる記念碑的論集。

▼240頁／定価3150円

37
鄭氏台湾史―鄭成功三代の興亡実紀
林田芳雄著　日中混血の快男子鄭成功三代の史実―明末には忠臣・豪傑と崇められ、清代には海寇・逆賊と貶され、民国以降は民族の英雄と祭り上げられ、二三年間の台湾王国を築いた波瀾万丈の物語を一次史料をもとに台湾史の視点より描き出す。

▼330頁／定価3990円

38
中国民主化運動の歩み
――「党の指導」に抗して――
平野　正著　本書は、中国の民主化運動の過程を「党の指導」との関係で明らかにしたもので、解放直前から八〇年代までの中共の「指導」に対抗する人民大衆の民主化運動を実証的に明らかにし、加えて「中国社会主義」の特徴を概括的に論ずる。

▼264頁／定価3150円

39

中国の文章――ジャンルによる文学史

褚斌杰著／福井佳夫訳　中国における文学の種類・形態・様式である「ジャンル」の特徴を、各時代の作品に具体例をとり詳細に解説する。本書は褚斌杰著『中国古代文体概論』の日本語訳である。

▼340頁／定価4200円

40

図説中国印刷史

米山寅太郎著

静嘉堂文庫文庫長である著者が、静嘉堂文庫に蔵される貴重書を主として日本国内のみならずイギリス・中国・台湾など各地から善本の図版を集め、「見て知る中国印刷の歴史」を実現させたものである。印刷技術の発達とともに世に現れた書誌学上の用語についても言及する。

▼カラー8頁／320頁／定価3675円　好評再版

41

東方文化事業の歴史

――昭和前期における日中文化交流――

山根幸夫著　義和団賠償金を基金として始められた一連の事業は、高い理想を謳いながら、実態は日本の国力を反映した「対支」というおかしなものからスタートしているのであった。著者独自の切り口で迫る。

▼260頁／定価3150円

42

竹簡が語る古代中国思想

――上博楚簡研究――

浅野裕一編（執筆者＝浅野裕一・湯浅邦弘・福田哲之・竹田健二）

これまでの古代思想史を大きく書き替える可能性を秘めている上海博物館蔵の〈上楚楚簡〉は何を語るのか。

▼290頁／定価3675円

43

『老子』考索

澤田多喜男著

新たに出土資料と現行本『老子』とを比較検討し、現存諸文献を精査することにより、〈老子〉なる名称の書籍は漢代のある時期から認められる。少なくとも現時点では、それ以前には出土資料にも〈老子〉なる名称の書籍はなかったことが明らかになった。

▼440頁／定価5250円

44

わたしの中国――旅・人・書冊――

多田狷介著

一九八六年から二〇〇四年にわたって発表した一〇余篇の文章を集め、三部（旅・人・書冊）に分類して一書を成す。著者と中国との交流を綴る。

▼350頁／定価4200円

45

中国火薬史――黒色火薬の発明と爆竹の変遷――

岡田　登著　火薬はいつ、どこで作られたのか。火薬の源流と変遷を解明する。口から火を吐く火戯「吐火」・隋代の火戯と爆竹・唐代の火戯と爆竹・竹筒と中国古代の錬丹術・金代の観灯、爆竹・火缶……。

▼200頁／定価2625円

46

竹簡が語る古代中国思想（二）

――上博楚簡研究――

浅野裕一編（執筆者＝浅野裕一・湯浅邦弘・福田哲之・竹田健二）

好評既刊（汲古選書42）に続く第二弾。『上海博物館蔵戦国楚竹書』第五・第六分冊を中心とした研究を収める。

▼356頁／定価4725円

47

服部四郎　沖縄調査日記

服部　旦編・上村幸雄解説　昭和三十年、米国の統治下におかれた琉球大学に招聘された世界的言語学者が、敗戦後まもない沖縄社会を克明に記す。沖縄の真の姿が映し出される。

▼口絵8頁／300頁／定価2940円

48

出土文物からみた中国古代

宇都木章著　中国の古代社会を各時代が残したさまざまな「出土文物」を通して分かりやすく解説する。本書はNHKラジオ中国語講座テキスト「出土文物からみた中国古代」を再構成したものである。

▼256頁／定価3150円

49

中国文学のチチェローネ

——中国古典歌曲の世界——

大阪大学中国文学研究室　高橋文治（代表）編　廓通いの遊蕩児が懐に忍ばせたという「十大曲」を案内人に、中国古典歌曲の世界を散策する。

▼300頁／定価3675円

50

山陝の民衆と水の暮らし

——その歴史と民俗——

森田　明著　新出資料を用い、歴史的伝統としての水利組織の実態を民衆の目線から解明する。

▼272頁／定価3150円

51

竹簡が語る古代中国思想（三）

——上博楚簡研究——

浅野裕一編（執筆者＝浅野裕一・湯浅邦弘・福田哲之・福田一也・草野友子）　好評既刊（汲古選書42・46）に続く第三弾。『上海博物館蔵戦国楚竹書』第七分冊を中心とした研究を収める。

▼430頁／定価5775円

52

曹雪芹小伝

周汝昌著　小山澄夫訳　『曹雪芹小伝』本文三十三章・付録三篇の全訳。『紅楼夢』解明に作者曹雪芹の研究が必須であることは言を俟たない。本書では章ごとに訳者による詳細な注が施される。原著・原注はもとより、この訳注が曹雪芹研究の有益な手引きとなる。伊藤漱平跋。

▼口絵4頁／620頁／定価6300円

53

李公子の謎——明の終末から現在まで——

佐藤文俊著　「李自成の乱」の大衆の味方〝李公子〟とは一体何者か。伝承発生当時から現在までの諸説を整理し、今後の展望を開く。

▼248頁／定価3150円

54

癸卯旅行記訳註——銭稲孫の母の見た世界——

銭単士釐撰　鈴木智夫解説・訳註　『癸卯旅行記』とは、近代中国の先進的女性知識人銭単士釐（せんたんしりん）が二〇世紀最初の癸卯の年（一九〇三年）に外交官の夫銭恂とともに行った国外旅行の記録である。

▼262頁／定価2940円

55

政論家施復亮の半生

平野　正著

中国において一九九〇年代末より政論家施復亮が注目されるようになった。ここに施復亮の一九二〇年代から四〇年代における思想とその変化を明らかにする。

▼200頁／定価2520円

56

蘭領台湾史——オランダ治下38年の実情

林田芳雄著　三八年間に亘るオランダの統治下にあった台湾島のありのままの姿と、台湾原住民のさまざまな出来事を原住民の視点から捉え、草創期の台湾史を解明する。

▼384頁／定価4725円

57 春秋學用語集

岩本憲司著　「春秋学」とは、学問そのものではなく、学問の対象を指す言葉であり、このような意味での春秋学の用語を集めたものが本書である。また、著者の前著『春秋穀梁伝范甯集解』・『春秋公羊伝何休解詁』・『春秋左氏伝杜預集解　上・下』の四冊の改訂を兼ねている。本書は、春秋学の用語のうち、一般的ではあるが陳腐でないものを集めて掲げ、辞典風に簡潔な解説を附した「一般篇」と、普通の語学的アプローチではなかなか明らかにし難い春秋学の特殊用語について、「春秋学」学の立場から、専ら論理的に分析を試みた「特殊篇」で構成される。

▼284頁／定価3150円

58 台湾拓殖株式会社の東台湾経営
――国策会社と植民地の改造――

林玉茹著　森田　明・朝元照雄訳　本書は、一九三七〜四五年の国策会社である台湾拓殖株式会社（以下、台拓）の、東台湾の経営メカニズム、農林事業、移民事業および投資事業を分析したものである。台湾総督府は戦時国防資源の需要のために、如何にして台拓を通じて、植民地辺地に位置する東台湾の積極的な開発を実施し、それによって、新興軍需産業が形成されるに至ったかを解明したものである。台拓の東台湾での投資は、東台湾が日本帝国の全体の戦略的配置の中で一席の地位を占め、東台湾の熱帯栽培での経験をさらに進んで華南、南洋に技術を複写・移転し、熱帯地域の台湾が日本帝国での位置の特殊性を反映していた。他方、国策会社・台拓の東部の経営は、軍国主義日本の経済の統制化、計画化および工業化に合わせて、戦争と植民地辺地の資本主義化、経済の近代化との連結過程をあらわしたことである。戦時東部の産業開発では「植民地の飛び地経済」と「植民地の遺産」の両面性を持っていた。

▼404頁／定価5775円

59 荘綽『雞肋編』漫談

安野省三著　荘綽、字は季裕。ふつう字で呼ばれることが多い。正確な生卒年は詳らかではないが、神宗元豊元年（一〇七八）から高宗紹興十六年（一一四六）頃までの人と推定され、七十歳には僅かに手が届かなかった。つまり両宋間という激動期を生きたことになる。その著書の一つである『雞肋編』は魅惑的な随筆である。同時に不可思議な作品であり、難読の書でもある。本書が版本として用いるのは、中華書局の唐宋史料筆記叢刊に収められたものであり、一三二頁の小冊子、内容は序と上中下三巻三百項目から成る。これを使用して、『雞肋編』を解説する。

【内容目次】

▼296頁／定価3150円